学校では教えない
スクールカウンセラーの業務マニュアル

心理支援を支える表に出ない仕事のノウハウ

しらかば心理相談室／スクールカウンセラー
田多井正彦 著

JN124426

遠見書房

はじめに

　現在のスクールカウンセラー制度は平成7（1995）年に文部科学省（当時文部省）が公立学校に導入を開始しました。当時，教育ではなく臨床心理学を専門とするスクールカウンセラーが学校に入ることは，黒船来航とまで言われていたようです。それから四半世紀，先人たちのたゆまぬ努力と熱意，研鑽，創意工夫によってスクールカウンセラーは評価され，年々配置校や勤務日が全国的に増えていきました。

　結果，各心理学会や各自治体の心理士会がスクールカウンセラーのサポート体制を整えてくれています。多くのスクールカウンセラーは，大学，大学院での学習を経て，資格を取り，その後も書籍や論文，学会，研修会，そしてスーパーヴィジョンで学び続けています。

　さて，スクールカウンセラーのメインの仕事は，悩みを抱えた児童生徒の面接相談，保護者の面接相談，教師のコンサルテーション，緊急支援，というところでしょう。これらメインの仕事＝臨床の仕事は，心理士（師）が専門分野として得意とするところですし，上記したようにさまざまなトレーニング，研鑽の場があります。書籍でも，これまでスクールカウンセラーの臨床の仕事については多くのことが書かれてきました。

　しかし，スクールカウンセラーというのは学校というコミュニティに入って行う複雑な仕事です。臨床的な仕事だけではないのが実態です。スクールカウンセラーの仕事が複雑なのは，学校という独特のコミュニティに入ること，そのコミュニティそのものが対象になること，問題が多岐にわたること，被支援者の状態や動機，問題解決の意志が複雑であること，など多くの要素があります。そのようななかでスクールカウンセラーは大学や大学院での勉強，書籍や論文，研修会では教わることができなかった，学ぶことができなかった仕事にも取り組んでいます。さらにその難しさは，多くの場合一人職場であることも関係しています。企業であればOJT（On the job training）で先輩や上司に教わりながら身に着けていきますが，スクールカウンセラーは同業の上司や先輩が学校内にいないことが多いのです。

　そこで本書は，スクールカウンセラーの仕事のなかでもこれまでの書籍で

はあまり取り上げられてこなかったものにしぼって，現場の皆さまのお役に立てるよう考察してみました。メインな仕事の対比として，影の仕事とか，サブな仕事，副次的な仕事，などと呼んでよいのかわかりませんが，学ぶ機会が少なく，マニュアルもなく，なんとかそしてなんとなくこなしている仕事を本書では主に検討します。

　ベテランのスクールカウンセラーさんにとっては，すでに自分で悪戦苦闘して身に着けたもので常識的に思われるかもしれません。しかし初心の方やこれからスクールカウンセラーになろうとしている方にはヒントとして，あるいは学校での一風景の紹介としてもお読みいただけるかと思います。

　また，おそらく（世界でも？）初めての試みだと思いますが，スクールカウンセリングあるいは心理相談に関するイラストカット集を作成し掲載しました。私もこれまで勤務してきた学校で，教師向けのイラストカット集があるのに，なかなか心理に関するイラストがないことに気づきました。このイラストカット集はベテランの方にも有効にご利用いただけるのではないかと思います。

目　　次

Booklet: Child and School Community-Clinical Psychology

学校では教えない
スクールカウンセラーの
業務マニュアル

―心理支援を支える表に出ない仕事のノウハウ―

第1章

スクールカウンセラーだよりの作り方

■ Ｉ　はじめに

　スクールカウンセラー（以下 SC）としての仕事のひとつに，「スクールカウンセラーだより」（以下「SC だより」）の作成があるかと思います。この本を手にしてくださったみなさまも，各配置校で取り組まれていることでしょう。私もだいたい 2 カ月に 1 回のペースで「SC だより」を発行しています。主な仕事である面接・相談やコンサルテーションは対人の仕事ですが，一人でネタを考え作業をする「SC だより」作成は頭の違うところを使うようで，よい気分転換にもなっています。

　しかし，主な仕事である面接，相談の件数が多くなると，「SC だより」作成は後手に回ります。発行予定が迫ってくると残業することにもなります。読みやすくきれいな体裁で，わかりやすい内容のものを作るのは，なかなか苦労します。配置校が多く何年か同じ学校にいると，ネタかぶりやネタ切れをどうするかという問題もあります。また，イラストの問題もあります。学校にある教員用のイラストカット集は，SC や教育相談室に合うようなイラストは掲載されていません。

　本章はこのような「SC だより」をめぐる手間をなるべく軽減し，なおかつ質の良い「SC だより」を作成するヒントとなるべく執筆いたしました。書き方の考察以外にも，本章の最後に「SC だより」の実例としてサンプルをいくつか載せています。

　また本書の最大の特徴となりますが，巻末にはイラストレーター神白かどやさんの協力も得て，スクールカウンセリングや心理相談に合ったイラストも多数ご用意しています。これまで「保健室だより」や「学年だより」と同じイラストカット集をなんとか応用していたご苦労を軽減いたします。初心の SC からベテラン SC まで，あるいは SC ではない教育相談所や病院，個人

開業などの多くの心理職のみなさんに貢献できる部分です。相談風景や箱庭，癒しや成長のイメージ，オンライン・カウンセリングのイラストなどは応用いただけるかと思います。本書をご購入いただいた方はダウンロード無料ですので，ぜひお役立てください。

▌II 「スクールカウンセラーだより」の意義

　この本を手にしてくださった方は，SCとして勤務している方，あるいはSCを目指している方でしょうか。SCの活動についてすでに経験や学習をされた方は，SCの仕事が心理相談だけでなく，観察やコンサルテーション，心理授業，研修，会議など幅広いものであることをご存じかと思います。その広い活動のうちの一つが「SCだより」の作成です。上記した諸活動のなかでも，直接人と対面しないという点で，SCの仕事のなかでももっとも異質な仕事かもしれません。まず，その特徴と必要性について，まとめてみました。

〈スクールカウンセラーの広報活動〉
　文部科学省のスクールカウンセラー事業が平成7（1995）年度から開始され，25年以上がたちました。令和元年度には，全国の公立小中高のうち80〜90％に配置されています（e-Stat, 2020）。しかし，それでもまだ児童生徒，保護者にその存在が知られていない現状もあります。というのは，SCは多くの場合非常勤であり毎日学校にいるわけではありません。また，クラス担任のように児童生徒，保護者の全員と会って話すということがほぼありません。私も廊下や教室で，「なんの先生？」「だれ先生？」などと聞かれることがあります。相談室の利用法やSCとはどういう役割なのか，そもそもその存在が認識されていないこともあるのです。
　そのため，スクールカウンセラーにも広報活動が必要なのです。平野（2003）はスクールカウンセラーの活動として，6つ挙げています。①児童生徒への直接的な支援活動，②児童生徒への間接的な支援活動，③連携活動，④広報活動，⑤教師や保護者の支援力を高めるための活動，⑥そのほか，となっています。4番目に「広報活動」がありますが，その具体例として「相談室便り（ニューズレター）などの発行」と挙げています。伊藤（2002）もスクールカウンセラーの「広報活動」としてニューズレターの発行を挙げ，多

くの子どもたち，保護者から反応があると述べています。滝口（2005）も，まだ SC に偏見があったり SC の歴史が浅いことから，SC が役に立ち気楽にカウンセリングルームに立ち寄ってもらうために広報の努力を忘れてはならないとし，お便りの文章やカットなどに工夫するよう主張しています。私の体験からしても，滝口の主張から 15 年以上たっても SC の存在が完全に浸透しているとは言えない状況です。

　普段は SC や相談室を意識していない児童生徒，保護者が，いざ困ったとき，悩みが生じたときに，SC や相談室を思い出してくれるために，SC だよりを発行する（伊藤，2002，2005）というのがその目的，意義になります。私も，「SC だより」を読んで相談を申し込まれたり，定期的に来談する児童生徒，保護者から「『SC だより』おもしろかった」と言われることもあります。内容自体に興味を持ってもらえなくても，相談室直通の電話番号の記載を見て番号を知り，電話相談をされたケースもあります。

　このように「SC だより」は，SC にとって定期的に自らの存在をアピールできる広報の最大のツールになり得ます。SC は民間企業の営業や商業的な個人開業と異なり，相談件数や満足度といった数値で評価を量られることが少ないかもしれません。しかし，児童生徒，保護者，教職員，地域に貢献し自らの仕事の意義を感じるためにも，営業活動のように SC 制度や相談室の存在を売り込み広く知ってもらう努力をしなければなりません。その一環として「SC だより」は宣伝あるいは広報の重要な手段なのです。

〈相談活動以外への効果〉

　「SC だより」によって SC 活動や教育相談室が告知されたことの結果は，支援が必要な人が相談につながる，相談者が増えるという効果だけではありません。PTA 研修会や，場合によっては地域社会対象の研修会につながることがあります。私の自宅に届く町内会の回覧板にも，学校の配布物に加えて，その地域の学校の「SC だより」が添付されていました。これらによって保護者や地域社会に SC の存在が認知されていきます。私が経験した研修会としては，教員研修会で発達障害の理解について，新任教員対象の研修会で教育相談とは何か，PTA 研修会で中学生の心理を理解する会，地域社会が主催の親子のコミュニケーション講座などがあります。これらの依頼があったのは「SC だより」だけの効果ではないでしょうが，SC の存在を広く知らせる広報

は必要でしょう。

　また「SC だより」は児童生徒・保護者が読むだけではありません。教職員にも配布しましょう。SC の活動だけでなく，カウンセリング・マインドや教育相談の発想をお伝えしていくチャンスです。そこから，教職員との会話や情報交換，公式の教職員の研修会につながることもあります。また，教職員のうつ等による休職は増加しています。ストレス対処の方法などは，教職員にとっても参考になります。ぜひ「SC だより」で伝えていきましょう。

〈人生で最初に出会う心理読み物〉

　かしま・神田橋（2006）は，SC は多くの人にとって人生で最初に出会う臨床心理士であると述べています。教育相談室や心療内科，民間の開業カウンセリングルームに人生で一度は必ず通うということはありませんが，特別な事情がない限り学校には通います。今や SC は 80 ～ 90%の学校（公立）に配置されている（e-Stat, 2020）ので，人生で始めて出会う心理士（師）は SC という子ども（大人も）は当然多いわけです。

　ということは，「SC だより」は多くの人にとって人生で最初に読む心理読み物ということになります。私たちの作る「SC だより」が心理学的な知識や発想について初めて目にする機会かもしれず，今後の子どもたちやその保護者の心理学への興味関心，理解を深めるきっかけにもなる可能性があるのです。同様に，私たちの行う PTA 研修会や心理授業は，人生で初めて心理士（師）の話を聞く機会となります。したがって，間違いや偏った情報を載せないよう，また小難しく堅苦しい印象にならないよう気を付けなくてはなりません。心について理解を深め，自らの心の成長や癒し，レジリエンス，エンパワーメントにつながる内容になるよう心を配りましょう。

　以上が「SC だより」の意義や必要性についてです。このように大切なものなのですが，大学，大学院，資格試験勉強，研修会などで，「SC だより」の作成について学んだり助言を受けたりする機会はありません。私たちは心理の専門家ですが，広報や宣伝活動，お便りの作り方に関しては素人なのです。

　そこで次からは，実際の作成について考察していきます。

■ Ⅲ　スクールカウンセラーだよりを書こう！

　伊藤（2002）は「SC だより」の作成について，「中学生たちの心に届く文章を書くのは，なかなか容易なことではありません。しかし，このニューズレター発行は，学校全体の子どもたちにメッセージを発信できるチャンスですから，編集・作成にはかなりの時間とエネルギーを使っています。…（中略）…カウンセラー自身のいろいろな面を存分に出せるように内容には工夫が必要です」と述べています。これは本当にその通りだと思いますが，ここではなるべく時間とエネルギーを節約しながらも内容を工夫し，充実した「SC だより」を作成できるよう，発行までの流れと，作成のコツやヒントを考察していきます。

1．発行までの流れ

〈がんばって 2 カ月に 1 回は出そう〉

　まずは年度内に何回発行するか決めましょう。それによって伝える内容も変わってくるからです。SC の来校日をどこまでの期間，記載するかも変わりますし，長期休み期間の対応についても記載しなければなりません。もし発行回数を少なくするなら，勤務日程や利用方法等などの必要な情報を初号で多く書きましょう。先に書いた通り，「SC だより」は広報の意義もあります。学期に 1 回という方もいるのですが，できれば 2 カ月に 1 回は発行しましょう。また，重大な事件事故がその学校やエリア，また社会レベルで起きてしまった場合は，その出来事をテーマにした特集を臨時で発行する必要もあります。

〈起案と決裁〉

　「SC だより」は SC が書くものですが，配置校の管理職の許可なく出せることはありません。そこで，「SC だより」を作成したら，「起案文書」として管理職に見せ，決裁を仰がなくてはなりません。多くの場合，「SC だより」を印刷して余白に起案依頼のスタンプを押して，作成担当者欄に自分の印鑑を押して提出します。起案依頼専用の用紙に記名と押印，発行文章の内容や配布対象者などについて書いて「SC だより」と一緒に提出するパターンもあり

ます。令和3（2021）年現在，社会的にハンコを廃止する流れが起こっており，学校にも影響が出てくるかもしれません。それに伴ってこの形式も変わるかもしれませんが，現在はこのような形が一般的です。

　気を付けないといけないのは，管理職は大変忙しく，提出してその場（その日）に決裁をもらえるかわからないということです。教員の忙しさを見ていると，急かすのはあまりに申し訳ないものです。では翌日には決裁ができているのでしょうか？　いえ，SCが学校に来るのは翌週です（多くの非常勤週1日勤務の場合）。つまり，当日決済をもらえなかった場合，返ってくるのは1週間後なのです。そして1週間たって返ってきた起案文書には，赤ペン等で訂正が入っていることがあります。そしてその日に退勤時間までびっしり相談が入っていたら，訂正して印刷，配布準備はできません。誤字脱字，表現の変更などはまだすぐ直せますが，内容そのものに管理職から訂正を求められたり意味を聞かれるケースもあります。私が訂正を指示されたもので覚えているものとしては，西暦を年号に直す，「ご案内」などの"ご"を「御案内」に直す，「受験」と「受検」は違うので，「入試」にする，などでした。また，血液型や星占いには根拠がないという記事を書いたところ，管理職が難色を示したので，その内容では発行しませんでした（書く内容の注意点については「3．諸注意」で説明します）。

　管理職に決裁をもらう時間とその後の訂正を考えると，発行したい日の2週間前には起案すると余裕ができます。なお，夏休み明け等の長期休暇後最初の勤務日に発行したい場合，長期休み前に決裁をもらわないといけないということも意識しておきましょう。夏休み明けの9月初日に発行するなら，7月上旬に起案，7月20日前後の1学期最後の勤務日には完成していないといけませんね。

〈印刷，配布，掲示〉

　「SCだより」の決済がおり訂正が終了したら，印刷します。学校では費用の高いコピー機ではなく，印刷機を使用しています。用紙についても，「SCだより」のために学校のものを使用してよいのか，事前に確認しておきましょう。もし使えないようでしたら，SC予算で物品購入しておきましょう。印刷にはけっこう時間がかかります。学校の規模はさまざまですが，全校生徒と教員を合わせた配布枚数は，多くの場合数百枚となるでしょう。両面印刷

にすると，印刷時間は倍かかりますし，B4サイズで二つに折る必要がある場合は，数百枚を一人で折っていかないといけません。将来は紙配布というシステムも変わっていくかもしれません。現在でもすでに学校のホームページに「SCだより」を掲載してる学校はあります。その場合は担当の先生に「SCだより」のデータを渡しましょう。

相談室の中，外，保健室前，職員室前など，掲示できる場所には配布と同時に掲示もしましょう。学校のプリンタがカラーに対応している場合，掲示用のみカラーで印刷するのもよいでしょう。

以前，神話の「王様の耳はロバの耳」を取り上げ，秘密を一人で抱え込んだ床屋が病気になってしまったことを書き，だれにも話せなくて苦しいときはSCにお話ししてみて，という内容で書いたことがあります。その「SCだより」を掲示していたところ，私の勤務日ではない日にそれを読んだ小学生が，「お話しないと病気になっちゃうんだって！　俺，いっぱいお話しよう！」と言っていたことがあったそうです（養護教諭から聞きました）。掲示も読者の心に届くことがあります。

2.　ベースとなるレイアウト，字体，デザインとなる土台を決めよう

〈「SCだより」の設計〉

まずは，内容の前に設計図を作りましょう。最初にレイアウトから決めていきます。

用紙のサイズはA4かB4になると思います。学校によって使用できる紙も異なるでしょう。SCの備品予算が十分にあるなら，色紙を購入して印刷することもできます。その点は管理職やSCの窓口となる教員に相談しておきましょう。用紙を縦に使うか横に使うかも決めます。また，ページ数ですが，A4ですと1枚に収めるのはなかなか大変です。後述しますが，「SCだより」に書く内容はけっこう多いのです。特に，小学校では多くの漢字にフリガナをふる必要がありますし，文字をぎっしりつめると読みにくく，避けられてしまいます。用紙はスペースを空けながら広々と使うことがお勧めです。そう考えると両面にするか，B4サイズが現実的ではないでしょうか。ただし，先述したように両面印刷は印刷時間も倍かかる，B4サイズは二つ折りする手間があるということも念頭に入れておきましょう。

そして，タイトル（「スクールカウンセラーだより」「相談室だより」「スク

ールカウンセラー通信」「相談室レター」など）を決めて見やすいよう配置します。また，第○号あるいは○月号，発行者であるSCの名前，発行年月日（学校では元号表記です），校長名（記載するかは学校次第）が毎回表記するテンプレートです。

　字体は，小中学校まではマイクロソフト・ワードの最初の設定である明朝体よりは，丸みや太文字でやさしい字体がお勧めです。最近は教科書もイラストが入りカラフルなものとなっているため，堅苦しい印象を与えない方がよいでしょう。

　このレイアウトづくりは楽しみながらやりましょう。デザインして作ってみて自分でもかわいく見えたり楽しく思えるものは，読者にも同様の効果があるでしょう。また，そのような試行錯誤は心理面接とは違う頭の使い方をしているようで，面接の合間のリフレッシュになるようにも思います。

　レイアウトは一度決めたら少なくとも年度内は変えない方がよいでしょう。学校はプリントの配布物が多いので，埋もれていく恐れがあります。頻繁にレイアウトが変わると，「SCだより」の印象が浸透していくのが遅くなります。

　次に本文のレイアウトを決めていきます。タイトルの下には季節のあいさつや学校イベントにからめたあいさつ文が入ることが多いです。その次に内容，つまりその回の特集記事が来ます。最後には相談室の開室曜日や時間，電話番号，場所を伝えるテンプレートが来ます。

　つまり，レイアウトを決めてしまうと，あいさつ文と特集記事部分以外は共通した構成をとるのです。あとは内容のみ考えればよいので楽ですが，最初の設計図はしっかりと考えましょう。

3．諸注意

〈「SCだより」は不特定多数が読む〉
　ビジネスマナーの世界では，宗教・政治・野球の話題は避けるべし，というものがあります。その学校に通学しているかその地域に住んでいるという限定はありますが，「SCだより」も不特定多数の人が読むと考えてよいでしょう。したがって同様の注意が必要です。特に，学校は宗教や政治の中立性には厳密です。児童生徒はもちろんですが，持ち帰った先の読者にはいろんな立場の人がいるので，議論が分かれるものは書かないようにしましょう。

私は以前，性格をテーマに書こうとして，導入部に血液型や星占いによる性格診断には科学的根拠はないと書いたところ，管理職に難色を示されたことがあります。保護者に占いを仕事としている方がいたり，読者のなかに占いに支えられている方がいるかもしれないと想定すると，こういうテーマは細心の注意が必要です。

　宗教を土台としている私立学校も多く，宗教の教義や聖典，創設者の理念をその教育に取り入れている場合もあります。その場合，その学校の宗教に関わる記事は問題ないと思われるかもしれませんが，SC自身がその宗教の信者であるかその学校の卒業生で，精通している場合以外は避けたほうがよいでしょう。教職員はもちろん，児童生徒も授業や朝礼でその学校の教えに触れていますので，中途半端な知識で書くのは，やめたほうが賢明です。

　臨床心理学は，それぞれの心理士（師）がよって立つ学派によって理論や技法が異なっています。「SCだより」は公正中立な情報を伝えなくてはいけないので，自分の流派に偏った内容は避けましょう。特に，深層心理学やトランスパーソナル心理学は記事にするのが難しいと思います。私もどちらかというとユング好きなのですが，元型や共時性を「SCだより」で書いたことはありません。精神分析でも，防衛機制や愛着について小中学生に短い文章で説明することは難しいと思います。トランスパーソナル心理学も，読者によっては宗教的，スピリチュアリティ的ととらえられるかと思われますので，書く際には気を配りましょう。もちろん，深層心理学もトランスパーソナル心理学も，発達・成長や他者とのつながりといった学校教育にかかわりのある内容も多くあるため，上記した内容でも中立的でわかりやすく書ける場合には，避ける必要はありません。

　また，ある程度世間に認められている情報のほうが良いと思います。例えば，私はマインドフルネス呼吸法については平成27（2015）年にNHKがテレビで複数回取り上げてから記事にするようにしました（私はそれほどテレビっ子ではないので，それ以前にもマインドフルネスが取り上げられていたかはわかりません。しかしその年以降，民放でも健康番組などによく紹介されるようになったように思います）。

〈表記はここに気を付けよう〉
　言葉の使い方，表現も気を付けなくてはいけません。例えば，さすがに父

兄という表現をする方はもういないと思いますが，" 父母 "（小学校では " お父さん・お母さん "）という表現は避けるべきです。私は小学校では " おうちの人 "，中学校では " 保護者の方 " と表記しています。父母がいる家庭ばかりではないので配慮しましょう。また不登校，発達障害などもその単語を直接使用しないほうがよいでしょう。児童生徒のなかには，学校に来ていない状態でも「自分は不登校じゃない！」と主張する場合がけっこうあります。「不登校」「発達障害」などという単語を文章で書くと，けっこうどぎつく感じることもありますね。教育相談所や心療内科，民間のカウンセリングルームがパンフレットやホームページで表記するのはかまわないでしょう。相談者が自ら「不登校」「発達障害」という表現で探して検索してくるわけですから。しかし学校からの配布物に「不登校」「発達障害」という，ショックを受けかねない表記は避けたほうがよいでしょう。面接においては，やわらかい表現にしたり相談者本人が自分でそう表現した場合には，SC が使用しても問題ないのですが，不特定多数が読む文章という点において配慮が必要です。また，「LGBTQ+」についても，偏見のない社会を私たち心理士（師）は目指していますが，ストレートに文章で表すとショックを受ける人がいるかもしれません。それが LGBTQ+ の当事者のこともあります。

　ていねいな説明をすればそのような単語に差別意図はなく，むしろ理解を深め支援したいという気持ちは伝わると思いますが，「SC だより」のような情報量が少ない文章ではなかなか難しいです。「学校に行こうとすると気が重い」「学校でつかれちゃう」「友だち関係で悩んでいる」「ついついけんかになっちゃう」「自分らしさで悩んでいる」などという表現が望ましいでしょう。もちろん，今後このような表記が一般的，あたり前となっていくことはありえます。

悪い例
【相談内容例】こんなご相談を受け付けます。
①不登校
②発達障害
③ LGBTQ+　……

良い例
【相談内容例】こんなご相談を受け付けます。
　①学校に行くとつかれる
　②友だち関係で悩んでいる
　③自分らしさで悩んでいる　……

　書いているうちについつい読者が子どもであることを忘れてしまうことがあります。表現は配置校の年齢に合わせましょう。小学校は6年の年齢差があるので，学年に合わせた複数の「SCだより」を作るのでなければ，なるべく低〜中学年に合わせましょう。漢字はなるべく使わないようにしますが，さすがに平仮名だけでは読みにくいので，漢字はほどほどに使用し，使ったほとんどの漢字にフリガナを付けます。

　気を付けなくてはいけないのは，入試による選抜を経ていない公立学校では，学力や読書量などが同学年でも差があるということです。また，中学校で配置校に特別支援学級が設置されている場合は，その生徒も読者になります。したがって，中学校でもなるべく簡単でわかりやすい表現を心がけましょう。

〈著作権違反をしないように〉

　著作権にも気を付けましょう。学校教育に関する利用の場合は，営利目的のものよりは認められていますが，文章を引用するときは必ず著者名，書籍名などを書きましょう。有名人の言葉もそうですね。また，有名キャラクターのイラストを無断で載せるのは厳禁です。ついついポ○○ンとかディ○○ーとか使いたくなるのですが，ダメです。

　本書に掲載されているイラストは，本書購入者に限り，学校内・外で用いる資料，配布物等に使用することができます。イラストデータのダウンロード方法および使用条件については，巻末に詳細を記載しています。

4．さあ，書き始めよう

　諸注意を意識したら，いよいよ書き始めましょう。レイアウトのテンプレート順に，解説していきます。

〈あいさつ文〉

　学校はイベントがいっぱいです。あいさつ文は，先述したように季節のあいさつや学校のイベントに合わせた内容にするとよいでしょう。「入学，進級おめでとうございます！」「雨が多いと気持ちも落ちこんでしまうかもしれませんね」「暑くなってきましたが，体調は大丈夫ですか」「期末テストお疲れ様でした！」「もうすぐ運動会ですね。みんなが練習でがんばるすがたを見ていて，私も元気をもらっています」「二学期が始まりました。ひさしぶりの学校はつかれがちです」「今年の夏も暑かったですね」「だんだん寒くなってきました。日が短くなると，さびしく感じることもありますね」などなど。そして「そんなときはスクールカウンセラーに相談してください」「相談室に来てみてください」と，少しのストレスや変化でも相談が気楽にできることを説明します。

〈特集記事〉

　「SC だより」のいわば本体ですね。もちろん書き手の個性が出るところでもありますので，ご自由にお書きいただいてよいのですが，一番ストレスになるのはネタ切れです。発行回数にもよりますが，なかなか思いつかない，スランプのようになるときがあります。売れっ子漫画家や小説家でもないのですが……。書きたい内容はいっぱいあるから大丈夫！ とお考えの方も，諸注意に気を付けると，2 年目，3 年目の秋ごろにはネタが思いつかなくなっていきます。複数年同じ学校に勤務していると，昨年と同じ（毎年同じ）内容でよいのかという問題もあります。3 年間は同じ内容は連発しないほうがよいかもしれません（3 年後にきょうだいがいる場合は，ばれてる？……指摘されたことはないですが）。

　次節では季節ごと（月ごと）のネタ一覧をご紹介します。

〈告知〉

　月ごとの来校予定日を掲載します。一部常勤の方を除き，SC は毎日いるわけではないので，自分がいつ学校にいるのかを伝えましょう。カレンダー形式が良いと思います。また，相談室の場所や電話番号，予約方法はコピーペーストでよいので毎回記載しましょう。

〈イメージ〉

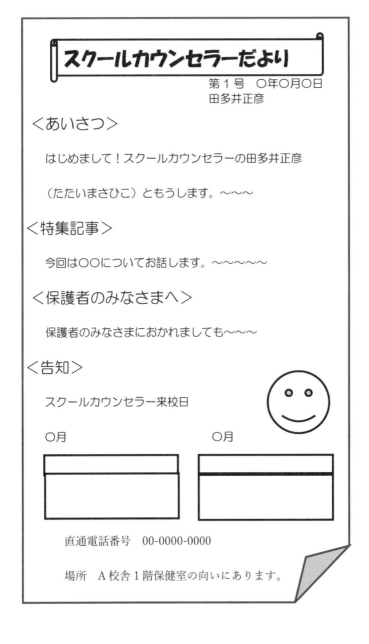

5．発行月による内容例

〈4月　自己紹介〉

・あいさつ文

　新規に配置された場合はもちろん，継続配置でも新入学生やその保護者に自己紹介します。自分の名前の紹介と入学・進級のお祝いの言葉から始まります。

・特集記事

　くわしい自分の自己紹介と同時に，SC の制度そのものと相談室についても紹介しましょう。SC とは何か，どうやったら利用できるか，勤務（来校）曜日，相談室の場所，開室時間，利用方法，電話番号，などです。これらは毎号記載したほうがよいものもあります。

・保護者向けの記事

　児童生徒と保護者の申し込み方法が異なる場合には，改めて保護者にメッセージを書きます。児童生徒向けの特集記事の解説や保護者向けに書き直したものなども載せます。

・カレンダー，電話番号，予約方法

　これは巻末に毎号共通に掲載したほうがよいでしょう。

〈5月〉

・あいさつ文

　5月に運動会，体育祭がある場合，そのことに触れたあいさつがよいでしょう。運動会は楽しみな児童生徒もいますし，苦手でゆううつな児童生徒もいます。練習や当日にがんばって自己の力を成長させる良い面もあれば，つかれたり劣等感でストレスになる場合もあります。集団競技もクラスの絆が高まる面と，苦手な子が責められたり排除されたり，気を遣わせることにもなります。そのようなストレスにも SC は気を配っていることを示してもよいと思います。運動会がない場合，五月病を取り上げてもよいかと思います。入学，進級から一段落して，気が抜けたり元気ややる気が下がってくる時期ですよ，と伝えて，そんなときは SC の相談を，などとしていくのがよいでしょう。ゴールデンウィークにからめることももちろんできます。ゴールデンウィーク明けは，不登校が増える最初のタイミングになります。SC や相談

室をアピールしましょう。

・特集記事

　4月号で書き切れなかった相談室の詳しい利用法や，こんな相談があるという例なども書いてみましょう。相談してください，と言われても，特に小学生は心理的な悩みを相談する，ということ自体がよくわからないこともあります（以前，私は廊下で小学1年生から「なんの相談をしてもいいの？」と聞かれたので，「なんでもいいよ！」と答えました。すると「ザリガニがうまく釣れないんだけど……」と言われ，苦笑したことがあります。もちろん，ていねいにお答えしました）。心理的な悩みの例や行動，身体の状態を書いて，「こんな時は相談しよう」と具体例を出していきましょう。もし，4月号でその内容を書けていたら，あいさつで触れた5月病について解説してもよいでしょう。

〈6月〉

・あいさつ文

　6月は梅雨をテーマに，気分が沈みがちなことや体調を崩しやすいというあいさつができますね。比較的学校行事が少ないですが，梅雨や夏至という特徴のある季節です。心と環境の関係にも触れられますね。中学校では期末テストがある場合，そのストレスについて触れてもよいでしょう。中学1年生にとっては，初めての定期テストなので，そのストレスは大人の想像以上かもしれません。

・特集記事

　ここからはこの時期だから書くべしという内容はないです。心に関する情報，対人関係や行動や感情面のスキル，ヤマアラシのジレンマ，考えと気持ちの関係，アイデンティティなどなど。クイズや錯視図形の紹介などは目を引くようです。

〈7月〉

・あいさつ文

　梅雨が続いていることや，七夕，暑くなってきたこと，もうすぐ夏休み，というテーマになるでしょう。

・特集記事

　6月同様，この時期特有の内容はないのですが，遊びや夜更かしの増える夏休みに向けての特集がありえます。危ない誘いを断る適切なアサーションやインターネットの注意点を心理的な面から解説してもよいでしょう。また，夏休み中はSCがおらず相談室も開いていないことが多いので，そのときの相談先として教育相談室や支援センター，いのちの電話，いじめ110番，LINE相談など公的な相談機関を紹介する特集も適しています。

〈9月〉
・あいさつ文
　二学期のスタートについてのあいさつになります。また会えてうれしいこと，二学期も引き続きよろしく，といった内容です。季節としては残暑への言及もありです。また二学期は不登校がもっとも増加します。先述したように不登校という単語は使わず，「久しぶりで学校に来るのが大変に感じることもあります」とか，「夏休みのあとは勉強や登校が前よりつかれるものです」など，具体的でやわらかい表現で，「そういうときはささいなことでもよいからSCに相談をしてください」と児童生徒，保護者にSCの存在を改めてアピールしましょう。
・特集記事
　あいさつ文で示した，久しぶりの学校で疲れることを心理学的に解説するのもよいでしょう。それにからめてストレス対処法や心身の関係についても書けます。

〈10月，11月〉
・あいさつ文
　運動会や体育祭が秋に開かれる学校は，この時期に触れることができます。合唱コンクールや学芸発表会，修学旅行を行う学校も多いでしょう。気温の低下や日が短くなってきていること，食欲や読書，スポーツの秋，十五夜なども話題にできます。
・特集記事
　6月同様，この時期に書いた方がよいというテーマはあまり見つかりません。ただ，10月は年度の半分，後半に入る時期です。半年勤務してきて，その学校の特徴や問題に気づいてきて，その中で書きたいテーマが出てくるか

もしれません。

〈12月〉
・あいさつ文
　寒さに加えて，クリスマス，大掃除，年末と季節的なイベントも多いので，あいさつは書きやすいですね。また7月の夏休み同様，冬休みについて触れます。
・特集記事
　1年をふりかえり自分の成長を感じたり，自己理解を促進する内容があり得ます。

〈1月，2月〉
・あいさつ文
　新年のあいさつと，9月同様，三学期のスタートについて触れます。2月は節分やバレンタインの話題もできますね。
・特集記事
　3年生は入試のプレッシャーが高まります。リラクセーションやイメージワークなど，入試や面接で緊張しないコツ，落ち込みすぎずネガティブ思考にならない方法などを説明するとよいでしょう。ちなみに，「受験」と「受検」の違いってご存じですか？　前者は私立を受けるとき，後者は公立を受けるときです。片方だけ書くよりは，「入試」という表記ですと，公立私立関係なく使える言葉になります。

〈3月〉
・あいさつ文
　最後の「SCだより」であることや，卒業生へのお祝いの言葉というテーマが適しています。
・特集記事
　贈る言葉的に，メッセージや将来に向けて希望や勇気の出る言葉，ためになる言葉を心理学的な観点から書きます。辛いことや悲しいことがあっても人の心は立ち直る力を持っているレジリエンスについてや，自分らしさを育てていく自己実現などが贈る言葉としてふさわしいかもしれませんね。

〈臨時号・特別号〉

　児童生徒・保護者にとって影響の大きい事件事故が生じた場合，臨時にその特集号を発行する必要が生じます。配置校での死傷者が出るような事件事故あるいはマスコミが取材に来るほどの大きな事件事故や，地域での大きな事件事故の場合です。他エリアであっても，子どもの自死や犯罪被害などが続いてニュースになった場合なども臨時号を考えます。危機介入時，すぐに配置校での緊急支援を行う場合の告知は体裁を整える必要はなく，「SCだより」というよりシンプルかつ公式な体裁の文章として作成，配布することになるでしょう。少し落ち着いた場合や余裕がある場合には，定期的ではない「SCだより」を臨時に出すことも検討してください。最近ですと，新型コロナウィルス（COVID-19）で休校，分散登校中に，その不安やストレスへの心理教育や対処法などを特集して発行したことがあります。また，事件事故での臨時号は，いつも以上に管理職や学年主任，養護教諭，SC担当の教員などと，内容や表現を打ち合わせることが必要でしょう。

6．ネタの探し方

　基本的には，心理学的知識を児童生徒向けに書けばよいのですが，ネタにつまったらこんな方法があります。

〈児童生徒向けの心理学本を読む〉

　これまでさまざまな先生が，そして出版社が，児童生徒向けに本を出しています。感情のコントロールやアサーション，友達関係についてなどが多いでしょうか。それらは大いに参考になります。相談室にすでに蔵書されている本もあるでしょう。SC予算で購入することもできます。ネタ探しのときや時間があるときに目を通しておきましょう。

〈自分の小中高生のときを思い出す〉

　今心理学の知識を知っている自分からみて，自分が学生のときに知っていたらよかったのにと思うことを考えてみましょう。例えば，内向的だった自分に言ってあげたいこと，ネガティブ思考にとらわれていた過去の自分に伝えたいこと，などです。

〈学校の掲示物，図書室の特集等を参考にする〉

　相談室以外にも学校の廊下や保健室には，「こころの健康ニュース」といった，児童生徒向けの健康についてのポスターがあります。養護教諭や SC 宛に定期的に届くものもあります。それらの特集も参考になります。また，図書室には足を運びましょう。司書教諭が世間の話題を受けた特集コーナーを設けていることがあります。たとえば，ノーベル賞受賞の時期には科学の本を集めていたり，SF 映画が公開されるのに合わせて原作や同じ作者の本，その他 SF 関連を特設していたりします。司書教諭のこうした動きは大いに参考になります。

〈学校，社会，世間の動きに関連させる〉

　図書室のように，映画公開やノーベル賞のような社会的な話題もテーマになります。たとえば，オリンピックのような大きなスポーツの祭典がある場合は，スポーツと心理というテーマやアスリートのメンタルトレーニング等で書けます。また，学校が独自のイベント，たとえば農家と連携している学校では稲刈りとか野菜，果物の収穫に行き，それが SC にも配られたり給食で出たりします。そういう学校独自のイベントも話題にできるでしょう。政治，宗教などの話題には気を付けますが，一般的に広く話題となっているニュースは取り上げても大丈夫でしょう。

7．イラストを利用しよう！

　児童生徒の興味を引き，「SC だより」の雰囲気をやわらかく楽しいものにするためには，イラストが効果的です。本文がすばらしいものでも，用紙がびっちりと文字で埋め尽くされていたら，なかなか読む気にならないでしょう。文字数を削ってでも，イラストは何点か入れるべきだと思います。先述したように，著作権や商標を侵害してはいけません。商業利用でもなく，その学校の数百人分にしか配布しない「SC だより」に大げさな，と思われるかもしれません。しかし，教育に関わる者が法的に微妙な問題を起こすことは好ましくないでしょう。有名キャラクターは児童生徒の目を引きますが，やめましょう。

〈利用できるイラスト〉

・学校にあるカット集

　「SC だより」だけでなく,「学級だより」「保健室だより」「給食だより」「図書だより」といったお便りが学校では昔から作られてきました。そのため,カット集が職員室や印刷室の本棚にあります。そのイラストなら気兼ねなく使用できます。弱点としては,古いものが多く,パソコンデータではなかったり,イラスト自体が少々古めかしいデザインのものであったりします。また SC に関連したイラストは見たことがありません。このあたりも,25 年以上前から始まった SC 制度がまだまだ世の中に知られていない事実を物語っているように感じます。そのため,季節やイベントのイラストは利用できるのですが,SC の人物イラストやソファでの相談,悩んでいる児童生徒のイラストなどを使いたくても,学校にあるイラストカット集にはないことが多いです。

・商用利用可能なインターネット上のイラスト

　インターネット上には無数のイラストが出回っています。商用利用さえも認めているフリー素材もあり,それらは使用できます。しかし,やはり SC や臨床心理学についてのイラストは少ないです。また,淡い色や輪郭線がはっきりしていないイラストは,学校の印刷機ではきちんと印刷されないことがあります。パソコンやスマホ画面,カラープリンタやコピー機であればきれいに出力されるのですが,学校で大量に印刷する印刷機にかけると,うまく出ないのです。印刷機にも写真モードなどありますが,そうすると今度は文字がうまく出なくなることもあります。また,最大の弱点は,学校のパソコンはセキュリティが厳しく,ブロックされることがあります。無料イラストを見つけてクリックすると閲覧がブロックされることや,ブロックされていないのにイラストの画像が出ないようになっている場合もあります。自宅でダウンロードしても,データを保存した USB 等を学校のパソコンで開くことはセキュリティ上できないことが多いです。

8.（番外編）パンフレット・リーフレット

　毎月あるいは隔週ごとに発行する「SC だより」とは別に,年度当初に相談室のパンフレット,あるいはリーフレットを作成し配布するのもよいと思います。公的機関の教育相談所やクリニック,民間のカウンセリングルームで

はおなじみですね。以前作成したときは，学校に紙を折る機械（紙折り機というのかな）があったため，数百枚を三つ折りにするには印刷後に紙折り機にかけていました。

　教育相談所やクリニックのパンフレットやリーフレットなども参考に，年度当初に全校生徒と保護者に告知できるものも可能なら作ってみましょう。

・（さらに番外編）紙の折り方

　紙折り機がない場合，大量の紙を二つや三つ折りにするとき，きれいにぴっちり折ろうと一枚ずつ手で折っていたら大変です。そんなときは，ガラス瓶を利用しましょう。手で折ったあと，あて紙をして，瓶の後ろでこするのです。そうすると折り目がきっちりした美しい折りのリーフレットになりますよ。瓶は底がぎざぎざしていないものがよいです（栄養ドリンクの瓶は底がぎざぎざしているものが多いですね）。底がつるつるしている空き瓶を使って，びしっと折りましょう。

　以上，「SC だより」の書き方の解説をしてきました。少しでもヒントになりましたでしょうか？　次項では実際の「SC だより」サンプルをお付けしました。本章で記述してきたものを形にしています。レイアウトや記事内容，カレンダーなど参考にしていただければ幸いです。

9．サンプル集

　ここでは，私が作成した「SC だより」のサンプルを 10 部ご紹介しています。小学校版，中学校版を複数アットランダムに，また縦書きと横書き版も織り混ぜてあります。月ごとのものに加え，事件事故後の緊急支援版もご用意しました。これは正式な緊急支援のご案内の後に，少し落ち着いてから発行するものを想定しています。さらに，三つ折りリーフレットのサンプルも掲載しました。こちらは，マイクロソフト・ワードで作成する場合に適した設定として，「段組み」を3段とし，「間隔」を4字，「段の幅」を22.26字にすると，三つ折りした際に見やすく折れるようです。よろしければ，作成のヒントにしてください。

〈4月号〉

相談室だより 第1号

○○中学校
○年4月○日
スクールカウンセラー
田多井正彦

☆ご入学、進級おめでとうございます！☆

　1年生のみなさん、ご入学おめでとうございます。2，3年生のみなさん、進級おめでとうございます。

　本年より着任いたしました、スクールカウンセラーの田多井　正彦（ただい　まさひこ）と申します。よろしくお願いします。これから、スクールカウンセラーからのお便りとして、この「相談室だより」を発行していきます。ぜひお読みください。

　第1号では、スクールカウンセラーと相談室についてご紹介しますね。

＜スクールカウンセラーとは＞

　スクールカウンセラーは、みなさんが困ったとき、悩んだとき、ストレスを感じたとき、元気が出ないなどのときに、相談室でお話を聞かせてもらって、解決のお手伝いをします。

　1年生はもちろん、2，3年生も新しいことばかりで楽しみと同時に不安や心配もあるのではないでしょうか。そんなときには誰かに話を聞いてもらうことですっきりしたり、前向きな気持ちになったりするものです。スクールカウンセラーはどんなお悩みでもきちんとお聞きしますので、気楽に相談に来てみてください。

　<u>毎週　水曜日</u>　に来ています。裏面に4月と5月に来る日のカレンダーをのせています。

---

① どんなお話でも聞きます。

② まずはお話をじっくり聞いてから、そのあとで、どうしたらよいかいっしょに考えます。

③ 秘密は守ります。ほかの人にばらすことはありません。＊先生や保護者に伝えたほうが解決に近づく場合は、相談してくれた人に許可をもらってから伝えます。

④ リラックス法や気持ちが楽になる考え方をアドバイスすることもあります。

⑤ はっきりと悩みについてお話しできなくても、いっしょにゲームをしたり、絵を描いたり、趣味の話をすることもあります。

裏面に続く

＜相談室に来るときには＞

　スクールカウンセラーがみなさんとお話しする部屋は、相談室といいます。どんなお話しでもリラックスしてできるように、ほかの教室と少し違っています。ぜひ実際の様子を見にきてください。

　昼休みと放課後に利用できます。相談はないけれど、相談室の様子を見たい、少しスクールカウンセラーとお話してみたい、というときもお気軽に来てみてください。友だちと来ることもできますよ。

　予約をとってじっくりお話することもできます。予約を取りたいときは、田多井に直接伝えるか、「スクールカウンセラーとお話ししたい。」と担任の先生、養護の先生、部活の顧問の先生などに伝えて下さい。もちろん、相談することや内容はだれにも言わなくてもだいじょうぶです。

＜保護者のみなさまへ＞

　保護者のみなさまのご相談も承ります。お子様について困っていること、気になっていることがあれば、お気軽にご相談ください。お子様が楽しく充実した学校生活が送れるよう、一緒に考えていきます。

　相談予約は、先生を通じてお話をいただくか、相談室直通電話をご利用ください。相談室直通電話は、スクールカウンセラーが相談室にいる時しか応答できません。メッセージを残していただければ対応いたします。メッセージはカウンセラー以外が聞くことはありません。

　相談内容については外にもれることはありません。ただし、対応を急いだほうが良い場合や関係機関との協力が必要とカウンセラーが判断した場合は、相談者と話し合った上で伝達することもあります。

相談室直通電話番号： <u>000-0000-0000</u>　　電話でのご相談も承ります。
開室時間　　　　　： ９時〜17時
場所　　　　　　　： 西校舎１階、保健室のとなり

<＜4月来校日＞>

月	火	水	木	金
7	8	9	10	11
14	15	16	17	18
21	22	23	24	25
26	27	28	29	30

□で囲んだ日に来ています。原則水曜日です

<＜5月来校日＞>

月	火	水	木	金
3	4	5	6	7
10	11	12	13	14
17	18	19	20	21
24	25	26	27	28

＊5月6日のみ、木曜日に来校します。

〈5月号〉

スクールカウンセラー通信

Vol.2

○○中学校　スクールカウンセラー　田多井正彦

　ゴールデンウィークも終わり、入学、進級から一ヵ月となりました。新しい学年、クラス、先生、クラスメートにはなれてきましたか？

　ゴールデンウィークあけは、学校や勉強、部活などにやる気が出なかったりつかれやすくなったりすることがあります。よく五月病、なんて言いますよね。4月はしんせんな気持ちでがんばっていた心と体が、そろそろつかれてしまう時期です。そんなときは、ぜひ相談室に来てみてください。

【こんな相談があります】

　ぜひ相談してください、と言われても、どんな相談ができるのか、何のお話をしてよいのか、よくわからない、という方もいますよね。そこで今回の『スクールカウンセラー通信』では、どんな相談ができるのかについてお伝えします。

＜相談内容例＞

①　学校に行きたくないとき、学校がつまらないとき。

②　いじめ、からかいで、つらいとき。

③　友だちや先生や親とけんかしたり、うまくいっていないとき。

④　気持ちや感情が不安定なとき。

⑤　自分のことが好きになれない、自分がわからない、など、自分について悩むとき。

⑥　眠れない、食欲が出ない、、どきどきする、緊張する、など体に変化があるとき。

⑦　なんとなくゆっくりしたいとき。

⑧　部活や塾、習い事でうまくいっていないとき。

⑨　人に言えない秘密があって、つらいとき。

⑩　他人や家族、社会について理解できない、なっとくできない、不満がある、とき。

＊悩みや困りごとは人それぞれですので、このような内容でなくても、もちろん大丈夫です。

裏面に続く

【相談の意味〜王様の耳はロバの耳のお話〜】

　みなさんは、「王様の耳はロバの耳」という物語を知っていますか？　もとはギリシア神話のようです。いくつかバリエーションがあるようですが、私が子どものころ聞いたお話を思い出してみます。

　ある国に、ロバの耳をもつ王様がいました。王様はいつもはぼうしをかぶって隠していましたが、床屋には見せざるをえません。王様は床屋に、「このことを話したら殺してしまうぞ」と脅して秘密を守らせていました。

　床屋は秘密を守っていましたが、今で言うところのこの大スキャンダルである事実を話したくてたまりません。その気持ちをおさえがまんしていると、心と体の調子がおかしくなり、病気になってしまいました。がまんできなくなった床屋は、町から出て誰もいないところで穴をほり、「王様の耳はロバの耳〜！　王様の耳はロバの耳〜！」とさけびました。すると気持ちもすっきり、病気も治ったのです。

　この童話は、人は言いたいことがあるのにがまんしてばかりいると、心身に悪い影響もあるということを示しています。床屋はストレスで病気になったのでしょう。また、秘密をかかえるというのも、なかなか大変でストレスになりますね。その話をはき出すだけでも、気持ちがすっきりしたり安心したりします。

　みなさんもお話したいことはあるけど、秘密にしなければいけない、大勢にしられたくない、ことがあれば、スクールカウンセラーに相談してみてください。

P.S.

　このお話の続きがどうなったかですが、床屋はだれにもばれないと思っていたのですが、穴の近くの木から、風がふくと「王様の耳はロバの耳〜」という声が聞こえるようになりました。そこから国中のうわさになってしまったのです。王様は怒って床屋を殺そうとしますが、考え直し、ゆるすことにしました。するとロバの耳がとれ、人間の耳にもどったそうです。（スクールカウンセラーは絶対秘密は守ります）

【保護者の皆様へ】

　保護者の皆様におかれましても、スクールカウンセラーへの相談もためらいや疑問があるかもしれません。お子様の教育や学校生活、子育てに関することであれば、どのような相談でもまずはお話ください。

＜相談室直通番号＞
　000-000-0000
＊カウンセラーが相談室にいないときは
　応答できません。メッセージを入れて
　いただければ折り返しいたします。

＜5月来校日＞

月	火	水	木	金
3	4	5	6	7
10	11	12	13	14
17	18	19	20	21
24	25	26	27	28

〈7月号〉

スクールカウンセラーだより

7月号

〇〇小学校　　校長　〇山〇子
スクールカウンセラー　田多井正彦

梅雨に入って、雨の日が続いています。お天気がわるいと、気もちも落ちこんだりします。
でも、あと少しすると、おまちかねの夏休みです！楽しいことがたくさんあるとよいですね。
ところで、夏休みは楽しいことがいっぱいありますが、いろいろトラブルも多いのです。「スクールカウンセラーだより」では、夏休みに多いお友だちとのトラブルと、そんなときに役立つ方法をお伝えします。

＜夏休みにお友だちから言われてこまること、ベスト5＞

①夜おそくなってもオンラインゲームをぬけないよう言われる。

②お金やものをかしてと言われる。

③子どもだけで行ってはいけないところに行こうと言われる。

④SNSで悪口を言われる。

⑤ちがう学校や年上の人と知りあって、いやなことを言われたりされたりする。

ほかにもいろいろあると思います。夏休みは先生やおうちの人が見ていない時間も長くなります。楽しさからふざけすぎてしまう人もいるかもしれません。

＜自分の言いたいことをしっかりとていねいに言うコツ＞

このように、いやだなあ、と思うことを言われたりされたりしたときには、しっかりと自分の気もちをいいましょう。でも、それがなかなかむずかしいですよね。
そんなときは、こんな方法をさんこうにしてみてください。

・自分の気もちやわけをしっかり話して、ことわる。

・ちがう場所をていあんしたり、ちがう時間や日にちに遊ぶことをていあんする。

・どうしてそういうことを言うのか、聞いてみる

・自分の家のルールで、そういうことはできないと言う。

言うときには、あまり強く一方的にならないように、相手の話や気もちも聞いて、それでも自分の気もちもしっかりはっきり言いましょう。

＊年上の人がいやなことを言ったりしたり、正しいかどうかわからないことを言ってきたら、おうちの人や先生など、しんらいできる大人の人にすぐ相談しましょう。　　　　（うらにつづく）

＜スクールカウンセリングおもしろコラム＞

ここに書いた二つの線は、どちらが長いと思いますか？

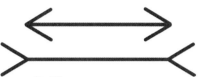

正解は、じつはまったく同じ長さなのです！

しんじられない！という人は、じょうぎ（ものさし）ではかってみてください。

でも、どうみても、下のほうが長く見えますよね。ふしぎですねえ。

こういうのもあります。

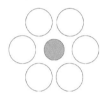

この中心の円の大きさはまったく同じです。

　人間の目は、だまされてしまうことがあるのです。線や円そのものだけでなく、まわりの情報から、脳がかいしゃくして見える世界を作っているのですね。

＜保護者のみなさまへ＞

　表面の特集記事では、夏休みを迎えるにあたって注意する点を書いてみました。スペースの都合上、ベスト5としましたが、他にもいろいろと夏休みはお子様にトラブルが多くなります。そのすべてを未然に防ぐことはできませんが、なにかあったときに子どもたちから報告をしてもらえるよう、普段からぜひコミュニケーションをとって相談しやすい状況を作っておいてください。

＜相談室直通番号＞

　000-000-0000

　原則木曜日に来校します。

＊7月は20日までとなります。ご相談のご希望の
　方は、お早めにご連絡ください。

＜7月来校日＞

月	火	水	木	金
			6	
			13	
			20	

〈9月号〉

相談室だより

9月〇日
〇〇中学校
スクールカウンセラー
田多井正彦
〇川〇子

いよいよ二学期が始まりました。夏休みはどうでしたか？宿題や勉強も大変だったかもしれませんが、心身ともに休んでリフレッシュできているでしょうか？二学期の最初は、学校に気持ちが向きにくい時期でもあります。勉強や部活動が、前よりつかれるように感じることもよくあります。気持ちがのらないようなことがあれば、相談に来てみてください。

〖9月に入って、こんなことはありませんか？〗

当てはまるものがあるか、チェックしてみましょう。

□ 朝起きるのがつらい

□ 学校に行こうとするとつかれる

□ 前ほど勉強にやる気がおきない

□ 片付けや整理がめんどうになった

□ これまで楽しいと感じたものがそうでもなくなった

□ 友だち付き合いがめんどうになった

□ 全体的に心も身体もだるく、食欲がない

□ なんだか泣きたくなることがある

□ 色々なことがつらくて、ため息が出る。

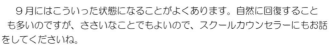

9月にはこういった状態になることがよくあります。自然に回復することも多いのですが、ささいなことでもよいので、スクールカウンセラーにもお話をしてくださいね。

裏面に続く

〖真実は一つじゃない！？〗

突然ですが、このイラスト、みなさんは何に見えますか？

　たぶん、多くの人はアヒルやカモのような鳥の顔に見えたのではないでしょうか。右を向いているアヒル？・・・しかし！このイラスト左を向いていると考えてみると・・・少し上を向いているウサギに見えませんか？・・・いやいや、最初からウサギに見えていたよ、という人もいるかもしれません。そのひとは、右を向いていると考えてみると・・・鳥に見えてきませんか？

　こういう絵を「トリックアート」とか「だまし絵」と言います。難しい言葉では「多義図形」とも言います。二通り以上の見え方をする絵ですね。

　実は、絵にかぎらず、世の中のことって、いろんな意味があったり、いろんな見え方をするものです。

　悩んでいるときや問題をかかえているときは、ひとつの方向からしか物事が見えなくなっていることがよくあります。そんなときは、今とはちがう見方をしてみると、楽になるかもしれません。

☆相談室開室予定☆

〖９月〗

月	火	水	木	金
1	2	3	4	5
8	9	10	11	12
15	16	17	18	19
22	23	24	25	26
29	30			

〖10月〗

月	火	水	木	金
		1	2	3
6	7	8	9	10
13	14	15	16	17
20	21	22	23	24
27	28	29	30	31

水曜日は〇川、金曜日は田多井が来校します。
相談室直通番号：000-000-0000

〈10月号〉

スクールカウンセラーだより 10月号

〇〇小学校　　校長　〇山〇子
スクールカウンセラー　田多井正彦

　運動会が終わりましたね。みなさんのがんばるすがたを見て、私も元気をもらいました。
　でも、大きなイベントが終わると、心もつかれることがあります。そんなときは、スクール
カウンセラーにお話しにきてみてくださいね。

【「あったかことば」と「ちくちくことば」】

　ことばには、大きな力があります。それは自分や人によいえいきょうもわるいえいきょうも
あたえるかもしれません。
　わかりやすく「あったかことば」と「ちくちくことば」に分けてみましょう。
　「あったかことば」は、そのことばを聞いた人が、あたたかい気もちになることばです。
たとえば、「ありがとう」「ごめんね」「楽しいね」「好きだよ」「えらい」「やさしいね」「すごい
ね」などなど、たくさんあります。みなさんは、毎日どのくらい「あったかことば」を言ってい
ますか？　また、言ってもらっていますか？　もし、少ないなと思うひとは、まずは自分から「あ
ったかことば」をふやしてみましょう。
　ぎゃくに「ちくちくことば」は、そのことばを聞いた人の心が、ちくちくといたくなること
ばです。たとえば、「ばか」「消えろ」「うざい」「しね」「つまんね〜」「こんなのもできないの」
など、「ちくちくことば」もたくさんあります。このようなことばは、目には見えないけれど人
をきずつけてしまいます。「ちくちくことば」が多いなあ、と思う人は、ぜひそれをへらして「あ
ったかことば」をふやすようにしてみましょう。
　でも、「ちくちくことば」を言ってしまったときはどうしたら
よいか、うらに書いてあるからみてください。

＜それでも「ちくちくことば」を言いたいとき、言われたとき＞

　人は「あったかことば」だけを使うこともできません。ときには、どうしても「ちくちくことば」を使いたいときもあるでしょう。つい言ってしまったときは、あとで落ちついたら相手にあやまるか、なぜ「ちくちくことば」を言ったのか、せつめいしましょう。相談室にきて、その中だけで「ちくちくことば」をはき出していくのもひとつのほうほうです。

　また、人から「ちくちくことば」を言われてそのちくちくがなかなか消えていかないときも、先生やスクールカウンセラーにお話ししてみましょう。たいへんざんねんなことですが、大人でも「ちくちくことば」をよく使う人がいます。もし大人から言われてしまったときは、すぐに別の大人、おうちの人や先生やスクールカウンセラーに相談しましょう。

ちくちくことばを使いたいときは、相手に怒っているだけじゃなくて、自分のこころもイライラしていることが多いです。その気持ちもあたたかくしてあげないといけないですね。

＜保護者のみなさまへ＞

　子育てでも、ついつい「あったかことば」が少なく「ちくちくことば」が多くなることもあるでしょう。相談室では、子育てやご家庭での心配や不安なこともご相談いただけます。以下の直通番号に御連絡ください。

相談室直通番号；　　000-000-0000

場所；　１階職員室隣　昇降口から右手に進んでください。

相談時間；　９時〜16時

開室曜日；毎週金曜日です。
　＊10月27日はお休みとなっております。

〈12月号〉

スクールカウンセラーだより

12月〇日発行
〇〇中学校　スクールカウンセラー　田多井正彦
〇川〇子

日に日に寒さが増してきましたね。早いもので、もう12月、〇年最後の月になりました。あと1か月。くいのないよう過ごしてください。

さて、今回の相談室だよりでは、ちょっと複雑な人間関係について取り上げます。

＜特集 ： ヤマアラシのジレンマ＞

みなさんはヤマアラシという動物をご存知でしょうか？　体中の毛が針のようにとげとげになっている動物です。
この動物をモデルにしたこんなお話しが伝わっています。

・ある寒い日、2匹のヤマアラシがくっつき合って温め合おうとしました。しかし近づきすぎるとお互いのとげでお互いを傷つけてしまいます。

とはいっても、離れるととても寒くてさびしい。

そこで、2匹はお互いが傷つかない距離をとって温め合うことにしました。

あるドイツの哲学者がこのお話しを例に、近すぎると傷つけ合い、遠すぎるとさみしくなるという人間のこころのかっとうを「ヤマアラシのジレンマ」と呼びました。

（解説は裏面へ）

＜ほどよい人間関係とは＞

　みなさんも、このお話は実感できるのではないでしょうか。いつもべったり仲のよい友だちのほうが、けんかになるとはげしくなってしまったり、無理していつもいっしょにいることで、日々お互いのストレスになってしまうこともありますよね。しかし、そういうストレスやけんかを恐れ、友だちから距離をとると、さびしくてこころが寒くてたまらない・・・。

　中学生のみなさんは、ほどよい距離をとることが難しいことと思いますが、あまり大きな傷にならないよう、なるべく早く解消できるようにいくつかアドバイスがあります。
　「ヤマアラシのジレンマ」状態を解決するには、まず自分のさびしさや孤独感を他人に100％満たしてもらうことは不可能という、一種のあきらめが必要です。だからといってさびしくてたまらないほど人と離れることはありません。相手や自分が傷つかない程度まで甘えたりよったりすることは自然なことです。
　また、相手の立場に立って考えることが大切です。自分が感じているストレスや怒り、また、さびしさや孤独感は、相手も感じているのではないかと想像してみることです。その上で相手も大切な一人の人間であり、自分と違う感情や意見を持っているがそれも尊重する、という気持ちを持つと、近すぎず遠すぎない距離ができてくるのではないかと思われます。
（参考文献：傅田健三・かなしろにゃんこ（2006）マンガで読む　大人も知らない「プチうつ気分」とのつきあい方．講談社．）

＜お知らせ1＞

　本年最後の12月17日（水）に相談室の大そうじを行います。相談室で描いた絵や折り紙、コラージュの作品も片付けてしまうので、自分の作品が欲しい方は、それまでに取りにきてください。

＜お知らせ2＞

　12月2日（火）に行われる保護者会に、〇川も出席いたします。「思春期の心理と家庭での対話」というタイトルで、短い時間ですがお話させていただきます。また、保護者会の後、17時まで相談室におりますので、ご質問や相談申し込みのご希望の方は、相談室までおこしください。

12月の開室予定日

月	火	水	木	金
1	2	3	4	5
8	9	10	11	12
15	16	17	18	19
22	23	24	25	26

　原則、水曜日に〇川、金曜日に田多井が来校します。
　＊12月2日（火）に〇川が来校します。3日（水）はお休みとなります。
　12月は来校日が少なくなっております。ご予約はお早めにお願いします。
　000-000-0000

〈1月号〉

相談室だより 第5号

1月○日
○○中学校
スクールカウンセラー
田多井正彦
000-000-0000

あけましておめでとうございます！いよいよ○○年がはじまりましたね。一年で一番寒い季節をむかえます。身体に気をつけてください。

さて、3年生は入試を意識するようになってきているのではないでしょうか。プレッシャーを感じている人もいるでしょう。今はそんなに緊張していない人も、直前になって急に緊張が出てくることもあります。

そこで今回は、リラックス法をご紹介します。2、3年生も参考にしてください。部活や習い事の試合や発表会にも使えますよ。

＜リラックスと集中力を高める呼吸法＞

立っていても座っていてもできますが、座ったほうがやりやすいでしょう。まず背筋を伸ばしてください。でも気を付けすぎのように力を入れず、軽くすっと伸ばします。胸をはらないようにしてください。

次に鼻から吸って、口からはきます。胸で呼吸するのではなく、腹式呼吸で静かに呼吸してください。そして、吸う時間より吐く時間を長くしてください。だいたいですが、吸った時間の3倍以上はきかけてはくような感じです。はくときに力が抜け重心が下がるようなイメージしてみましょう。そして身体の中をめぐる呼吸に気持ちを向けます。

（裏面へ続く）

<保護者の皆様へ>

今回ご紹介した呼吸法はぜひ保護者のみなさまも行ってみてください。緊張や感情の乱れに対し最初にできる対処法です。保護者のみなさまも、来談いただければスクールカウンセラーと一緒に実践することもできます。

保護者の皆様の相談のご予約はお電話でも承っております。以下の番号にお気軽にご連絡ください。

●相談室直通番号　000-000-0000

<相談室開室カレンダー>

1月

月	火	水	木	金
	1	2	3	4
7	8	9	10	11
14	15	16	17	18
21	22	23	24	25
28	29	30	31	

2月

月	火	水	木	金
				1
4	5	6	7	8
11	12	13	14	15
18	19	20	21	22
25	26	27	28	

相談室ポスト

相談室の場所は1階保健室のことなのです。

昼休みと放課後は開放しています。

相談予約は、スクールカウンセラーが先生に言うか、相談室前のポストに申込書を入れてください。申込書はポストの横にあります。

<心と身体>

じつは、心と身体はかなり密接に関係していると言われています。気持ちが身体に影響することもあるのですが、逆に身体が気持ちに影響することも多いのです。今年の夏は例年以上に猛暑でしたが、暑くていらいらして怒りっぽくなったり、集中力がなくなったりしたこともあったのではないでしょうか。また、たとえば筋肉のこわばりは、緊張や不安として心にとらえられることもあります。同じように呼吸も、早く浅くなると、気持ちのあせりや緊張、不安になってくることがあります。いつもと違う心の状態を感じたら、身体の様子をみてみましょう。身体を調整することで、心も安定するかもしれません。呼吸法はそんなときにも活躍してくれますよ。

できれば長く続けて行うとよいのですが、数分でもリラックスの効果が出ることもあります。また、この呼吸法のあとに課題に取り組むと、集中できるとき勝負できると言われています。スポーツ選手はスタートによくつくとき勝負時にこのような呼吸法を行っていることがあります。みなさんにとっても、部活や習い事の試合や発表会、そして入試の緊張をほぐすのにとても有効です。やればやるほど上手になっていくので、普段から一緒に実践するのがお勧めです。相談室でスクールカウンセラーと一緒に行うこともできます。

〈3月号〉

相談室だより Vol.10

スクールカウンセラー ○○中学校 田多井正彦

本年度もあと一か月あまりとなります。「相談室だより」も本号が最後となります。3年生は卒業が近づいてきましたね。

みなさんが○○中学校に入学し、相談室や教室でお会いしてから3年、長いようで早かった3年間でしたね。

とはいえ、まだまだお互いに人生は続く！ そこで、今回は卒業後も参考にしてもらえるお話をします。

<落ちこみから立ち直る力！>

人生楽しいこと、快適なことばかりではありません。困ったことやつらいことも起こってしまいます。もしかしたら取り返しがつかないような悲劇や、とても深い悲しみにも見舞われるかもしれません。

しかし、人間の心は立ち直る力を持っています。この力を「レジリエンス」と言います。そして、人は苦難のあと立ち直ると、もとに戻るのではなく、以前より成長していることが多いのです。成長しているというのは、以前より気持ちが安定するようになったり、考え方が広く柔軟になったり、対応する力が強くなったり、いきいきと活動できるようになったり、自信が

深まったり、自分や他者への理解が進んだり、自分や周囲に愛情深くなったり、などです。

人によって、また出来事や状況によって立ち直る時間や成長の内容は変わるでしょう。ですから、立ち直ることをあせる必要はありません。でも、立ち直る日は必ずくると思っていてください。

（裏面につづく）

＜レジリエンスカーブ（立ち直り曲線）＞

表面のお話を図にしてみました。レジリエンスカーブ（立ち直り曲線）と言います。

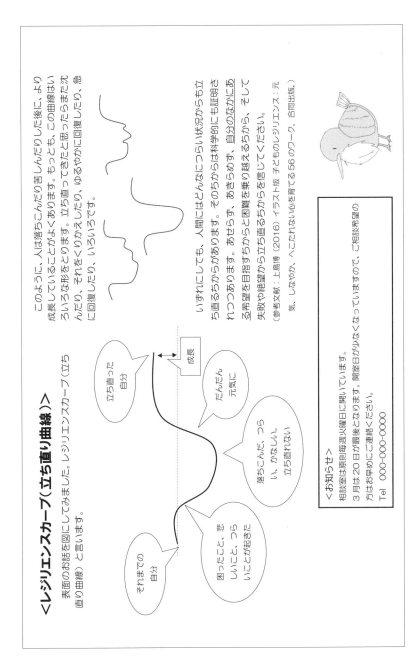

このように、人は落ちこんだり苦しんだりした後に、より成長していることがよくあります。もっとも、この曲線はいろいろな形をとります。立ち直ってきたと思ったらまた沈んだり、それをくりかえしたり、ゆるやかに回復したり、急に回復したり、いろいろです。

いずれにしても、人間にはどんなにつらい状況からでも立ち直る力があります。そのちからは科学的にも証明されつつあります。あせらず、あきらめず、自分のなかにある全希望を目指すちからと困難を乗り越えるちから、そして失敗や絶望から立ち直るちからを信じてください。

（参考文献：上島博（2016）イラスト版　子どものレジリエンス：元気、しなやか、へこたれない心を育てる56のワーク．合同出版．）

＜お知らせ＞
相談室は原則毎週火曜日に開いています。
3月は20日が最後となります。開室日が少なくなっていますので、ご相談希望の方はお早めにご連絡ください。
Tel 000-000-0000

（図中の吹き出し）
それまでの自分
困ったこと、悲しいこと、つらいことが起きた
落ちこんだ。つらい、かなしい。立ち直れない
だんだん元気に
立ち直った自分
成長

〈事件事故後の緊急支援〉

スクールカウンセラーだより

りんじ号

○○小学校　校長　○山○子
スクールカウンセラー　田多井正彦

【児童のみなさんへ】

校長先生や担任の先生から、もうお話があったかと思いますが、このたび、○○小学校でとてもかなしい事件がおきてしまいました。

このような大きな事件や事故がおこって、あなた自身がショックを受けたり、まわりの人たちがショックを受けたりすると、それはストレス反応として、心や体にいろいろな変化がおきます。

気もちの変化

・事件や事故のことを思い出す。
・事件や事故が心配になってこわくなる。
・はっきりしないけど不安になったりこわい感じがする。
・楽しいことがつまらなくなる。
・やる気が出ない。めんどうくさく感じる。
・イライラしておこりっぽくなる。
・ちょっとしたことでかなしくなる。　など

行動の変化

・夜ねむれなくなる。こわい夢をみる。
・泣きやすくなる。なみだがこぼれる。
・けんかが多くなる。
・動作がゆっくりとなりやるべきことができない。
・ごはんがおいしくなくなる。
・おうちの人や先生にあまえるようになる。
・もえつきさように はまえの子どもっぽいことをする。（おねしょ、ゆびしゃぶり、赤ちゃんことば、など）
など

体の変化

・運動してないのに、心ぞうがどきどきする。
・運動してないのに、こきゅうがあらくなる。
・暑くないのにあせがでる（とくに手のひら）。
・つかれやすくなる。
・体に力が入りなくなる。
・だるいきがでる。
など

ポイント

こういう変化がおこるのは、ふつうのことです。これをストレス反応といいます。はずかしいことでもおかしいことでもありません。大人でもおこります。お友だちやきょうだいにこういうことがおきても、けっしてからかったりしないでください。うらめんに、たいくをのせてあります。

＜ストレス反応へのたいさく＞

☆こう考えてみよう

・大変なとき、ストレス反応がでるのはあたり前、ふつうのことだと考える。
・弱いから、だらしないから反応がでるのではなく、人によって、でる人でないがある（個人差がある）と考える。
・ストレス反応がでてきて当然だから、自分も他人もせめない、からかわない。
・時間が化ったら、よくなることも多い。　など

※病気のばあいもいたら症状反応がでてるので、長く続いたり、とてもつらいようなら、おうちの人、おうちの人に相談できる先生、お医者さん、スクールカウンセラーに相談することも大切。

☆コミュニケーションをとろう

・しんらいできる人に、気もちやストレス反応について話す。
・楽しい話やストレスとはかんけいない話も大切。
・自分も話を聞いてあげる。
・遊びやゲームを家族や友だちとする。　など

※お話しても受けとめてもらえず、かえってさずけられたら、その人に話すのはやめてほかの人に相談しよう。
とくにネットでは、らんぼうになる人もいるし、知らない人とはいくら親切な人でも、かかわらないようにしよう。

☆体をととのえよう

・しんこきゅうしよう。鼻からすって、ゆっくり口からはく。数分だけでもこうかあり。
・ストレッチやゆったりとたいそうしてみよう。
・おふろにゆっくり入る。
・好きなにおいでもよりのゆっくり、味わって食べる。好きな音楽も、いつもよりのゆったりと感じるようにする。
・さんぽやジョギング。　など
・近所でもよいので、自然を感じる。

※持病やケガのある人は、お医者さんやおうちの人と相談してから動くようにする。

【保護者のみなさまへ】

現在、田多井は通常通りの毎週火曜日の来校に加えて、金曜日午前中に来ている日もあります。また他校のスクールカウンセラー、教育委員会から心理支援の専門隊が来校し、毎日相談ができる体制を整えています。相談のお申込みは副校長先生〇〇まで、ご連絡ください。
本件が落ち着くまで、相談のお申込みは副校長先生〇〇まで、ご連絡ください。

　TEL 000-000-0000

※相談直通番号 000-000-0000 は、相談対応中には出ないことができないことがあります。

〈リーフレット〉

〇〇中学校

相談室

〇〇中学校

TEL：000-000-0000

相談室直通：000-000-0000

＊相談室直通番号は、スクールカウンセラー以外のものが聞くことはありません。

予約の取りかた

・直接カウンセラーに言う。
・先生を通して予約する。
・予約カードに記入し、相談室前のポストに入れる。（予約カードは相談室の前と職員室の前にあります。）
・電話で予約する。
・電話での相談もできます。

相談予約や電話相談は、

000-000-0000

（カウンセラーが相談室にいない時は出ることができません。連絡先を入れていただければ、折り返しいたします。）

※予約方法やスクールカウンセラーについては、スクールカウンセラーだよりの第1号もご覧ください。

＜相談室とは＞

スクールカウンセラーといっしょに
お話をしたり、絵を描いたり、ゆったりと
くつろいだりしながら、こころの疲れをいやしたりするいや
してひとりの心をほぐすためのお部屋で
す。ボードゲームもあります。

＜相談内容＞

友達のこと、家族のこと、学校のこと、勉
強や進路のことなどうまくいかないと
思う時、
そのほか、自分をもっと知りたい
人とうまく付き合えるようになりたいと
思う時、など
いつでも気軽に利用してください。

＜相談室の場所＞

1階 保健室のとなりです。昇降口からは、
左に進んで、保健室の横を通り過ぎると
あります。中央階段から来るときは階段
を下りて右に進み、職員室を通り過ぎて
曲がったところにあります。

＜相談の内容は秘密にします＞

相談の内容はもちろん、相談に来たことも
ほかの人には一切秘密にします。先生や保
護者にも、相談した人の同意なしにはお伝えし
ないことはお伝えしません。
ただし、緊急の対応が必要な場合はそうで
ないこともあります。その場合も、先生や
保護者だけで、クラスメートや関係のない
方には伝えません。

共通の相談があるときは友だちと来ても
大丈夫です。また、とくに悩みや相談した
いテーマはないけど、のんびりしたいとき
も友だちと来ることができます。

＜開室時間＞

9：00〜17：00

主に火曜日に開室しています。毎月の開室
日は、「スクールカウンセラーだより」を
ご覧ください。

※生徒のみなさんは、昼休みと放課後に利用で
きます。

＜保護者相談＞

保護者のみなさまもご利用できます。中
学生は心も体も大きく変化します。行動
や気もちがゆれくることも多く、保護者
のみなさまも子育て教育で迷われるこ
ともあるかと思います。お子様の中学校
生活が楽しく充実したものになるよう、
いっしょに考えていきましょう。

文　　献

傅田健三・かなしろにゃんこ（2006）マンガで読む 大人も知らない「プチうつ気分」とのつきあい方．講談社．

e-Stat 統計で見る日本（2020）学校保健統計調査―相談員・スクールカウンセラーの配置状況．https://www.e-stat.go.jp/stat-search/files?page=1&query=%E3%82%B9%E3%82%AF%E3%83%BC%E3%83%AB%E3%82%AB%E3%82%A6%E3%83%B3%E3%82%BB%E3%83%A9%E3%83%BC&layout=dataset&stat_infid=000031925058

平野直己（2003）スクールカウンセラーの活動．In：伊藤美奈子・平野直己編：学校臨床心理学・入門―スクールカウンセラーによる実践の知恵．有斐閣，pp.8-9.

伊藤美奈子（2002）スクールカウンセラーの仕事．岩波書店．

伊藤美奈子（2005）スクールカウンセラーによる学校支援の実際．In：滝口俊子編：新訂 学校臨床心理学．放送大学教育振興会，pp.115-124.

かしまえりこ・神田橋條治（2006）スクールカウンセリングモデル 100 例．創元社，p.5.

滝口俊子（2005）学校臨床心理学の輪郭．In：滝口俊子編：新訂　学校臨床心理学．放送大学教育振興会，p.15.

上島博（2016）イラスト版 子どものレジリエンス：元気，しなやか，へこたれない心を育てる 56 のワーク．合同出版．

第2章

研修会・講演会を開こう

▌ I　はじめに

　複数人（場合によっては数十人から百人単位）を対象とする研修会，ある
いは講演会というのも，個別の心理面接を専門としている心理士（師）にと
っては，苦手意識を持つ人もいるのではないでしょうか。それでも，SC の職
務としてやらねばならないときがあります。伊藤（2003）は「研修会の企
画・実施という仕事は，相談や面接というカウンセラー本来の相談業務とは
異なるが，学校内ではニーズの高い重要な仕事であるといえ，内容によって
は，個人面接と同じくらい臨床的効果をもたらすこともある」と述べていま
す。また副次的な効果として「講演会の宣伝効果は大きい」とも述べていて，
臨床的効果と広報，宣伝効果という重要な意義を持っているのが研修会・講
演会と言えます。

　研修会・講演会は多くの場合，管理職や主幹・主任教師，特別支援コーディ
ネーター，生活指導部，PTA から依頼があります。ときには，SC が研修会の
必要性を感じ提案することもあるでしょう。前章でもご紹介した平野（2003）
が挙げた SC の職務内容のなかで，研修・講演は「（5）教師や保護者の支援
力を高めるための活動」に含まれています。しかし「（2）児童生徒への間
接的な支援活動」に教師や保護者へのガイダンスも挙げられており，研修会
は目的や受講者の意識や立場，学校の状況によって，広い意味を持つように
思われます。また，児童生徒向けの研修会もあります。これは講話，こころ
の授業とも表現できますが，「（1）児童生徒への直接的な支援活動」にあた
るでしょう。また，研修会・講演会はコミュニティ心理学が重視する予防的
な活動となります。佐藤（2003）は「スクールカウンセラーの大きな仕事
のひとつは，健康度の高い生徒の健康をさらに高めることです。そしてその
一環として，『授業』は有効な方法です」と述べています。また勝亦・若島
（2003）は「予防的治療こそはスクールカウンセラーの醍醐味である」と述

べていますが，面接室の面接だけでなく学校というコミュニティに入る SC ならではの活動と言えるでしょう。これまで SC 関連の書籍では，研修会・講演会について触れられることは割と多かったのですが，本書では，さらに具体的に研修会や講演会，こころの授業の実施にあたりヒントになるよう細かい部分を考えていきましょう。

〈研修会・講習会の種類〉

研修会の種類は，大きく分けて，教師向け，保護者向け，児童生徒向けがあります。まれですが，地域の人々向けというものもあり得ます。これは勤務校とまったく関係ない人が対象になるのではなく，PTA や地域の組織が教室や学校設備を借りて行う研修会への講師として，PTA や管理職経由で SC に依頼が来るといったケースが多いので，保護者向けに含めて考えてよいと思います。

II　教師向け

〈テーマと目的設定〉

教師向けの研修会は，ほぼ放課後に行われるでしょう。時間的には 30 分〜 60 分です。教師は本当に，ものすごく忙しいです。その貴重な時間を使って行う研修会ですので，実りあるものにしていきたいものです。

先述したように管理職等から依頼されることが多いでしょう。伊藤（2005）は「その研修に対し学校側が何を望んでいるかを正しく理解することが重要になる」と述べています。研修会を依頼されてまず考えるのは，何を期待されているか，求められているか？　です。最初からテーマが決まっていて依頼されることもあります。「思春期の心理についてお願いします」とか「発達障害の合理的配慮について研修してください」などの場合，求められていることは明確ですね。それでも，そのテーマになったのには学校側になんらかの理由があるはずです。学校がそのような児童生徒の対応に苦慮している，教師にそのようなテーマへの理解が疎い，教育委員会がそのようなテーマに力を入れている，などが考えられます。もちろん，深い意味はなく，過去に扱っていないテーマだからといったこともあるでしょう。テーマが決まっている場合でも，学校側の研修会に期待することをキャッチすることで，研修会

の意義をさらに深める手がかりとなります。テーマが決まっておらず，とりあえず依頼されるということもあります。管理職等から逆に「何か良いテーマはありますか？」「この学校で SC としてやってこられて，研修に必要と感じられるテーマはありますか？」と問われることもあります。その場合，心理の専門家からみて心理学的にその学校の課題はなにか，どのような問題があるか，と問われているかもしれません。もっとも，研修会を開くこと自体が学校側の目的となっているとか，SC 活動や心理学に基づく研修会というものの見当がついていないこともあり得ます。そのようなときは，SC もいろいろ考えなくてはいけませんが，SC が主導で必要と思われる研修会ができますので，一層やりがいがあるとも言えます。

　教師向けの研修会で大切なのは，教科書的な知識の説明ではあまり意味がないということです。教師は実践者なので，日々困っていることに役立つような研修会にしなくてはなりません。伊藤（2003）は研修会の配慮として「教師は目の前の児童生徒の理解やその対応に苦慮しているため，すぐに役立つ知識やノウハウが求められることが多い」「一般的なテーマだからといって，一般論に終始すると，教師たちの心には届かない」と述べ，鵜養（2002）も「先生の明日からの教育活動につながる，実践に役に立つ手がかりをきちんと提供することが大切である」と，実践に役立つ研修会を行うよう述べています。大変忙しい教師の貴重な時間を使うので，抽象的で学術的な内容を話すだけでは，教師はがっかりするでしょう。またそれだけでなく，心理専門職の SC と教育実践者の自分たちとの距離を強く感じられてしまうかもしれません。これは SC 活動にとって大変マイナスとなります。

　とはいえ，実践に役立つ研修会というのは，なかなか難しいものです。実践的な意味を感じてもらうためには，後述しますが，体験型ワークなども取り入れていきましょう。また，教科書的な心理学の解説のあとに，その話をその学校の実際にいる児童生徒に当てはめて検討してみる，SC の過去の事例でそのような心理学の知識・技術が問題解決に役立ったことを示す，という事例検討に近い方法があります。教員のみの閉じた研修会であればそのような事例研修は可能ですが，注意点もあります。職員室には保護者が訪れていたり，児童生徒が提出物を持ってきたり，人の出入りでドアが開いてしまっていたりもあるので，守秘については気を配りましょう。

　さらに少し気を付けなくてはいけないことは，個別配慮の必要な教師がい

るかもしれないということがあります。たとえば，発達障害や思春期のうつ病などをテーマにした場合，教師自身がその障害や病気を有していることなどがあります。不登校がテーマの場合でも，教師自身の子どもが不登校という場合もあるのです。管理職や養護教諭等事情に詳しい教員から事前に聞いておくことも必要です。

・教師向け研修会の例
　「発達障害の特徴と対応」
　「教育相談とは」
　「不登校の心理と対応」
　「スクールカウンセラーと教師の協働」

■ III　保護者向け

　保護者向けも，教師向けと同様に，テーマが決められて提案されることが多いでしょう。PTA役員の保護者から連絡があり，依頼されることになると思います。テーマは，子育てにあたっての子ども理解か，子どもとのコミュニケーションとに大別されるように思います。子どもの状態や問題の理解や対応策，あるいは子どもと効果的にコミュニケーションとるにはどうしたらよいか，について助言や解説を求めているのでしょう。また，まれに「当校のスクールカウンセラーを知ろう」といった，SCのお披露目的なものもあります。保護者向け研修会は，SCの広報にもなります。研修会後に保護者から相談の申し込みもよくあります。

　保護者向けの研修会は教師向け以上に，参加者のこころの健康向上の意義があると思われます。伊藤（2003）は保護者向けの研修会において「自分の子どもに引き寄せて聞くなかで，保護者自身の安心や癒しにつながることもすくなくない」としています。研修会は心理的問題の予防という重要な役割を果たしており，保護者とその向こうにいる児童生徒のこころの健康に役立つことができます。

　保護者は教師同様に，具体的な子育ての知恵やヒントを求めて参加していることでしょう。SCが対応してきた事例を示すことで，実際の子どものイメージが各保護者に浮かびやすくなります。ただし，当然プライバシー，守秘

義務には十分気を付け，その学校での事例は避け，過去の複数の事例を組み合わせたような架空事例にしましょう。そしてそのことを研修会中に明言します。

　これも教師向けのときと同様ですが，保護者の状態やトラウマといった事情に対し個別配慮が必要です。しかし，保護者の場合事前に調べることはできません。「第1章　スクールカウンセラーだよりの作り方」でも述べましたが，多くの人に示す活動では，表現に気を付けて，刺激的な表現は極力抑えます。またいろいろな立場の人が聞いているということを意識して，SCの偏見や主観に気を付けましょう。自分独自の考えや印象を持論として語ることは避け，今の心理学で広く言われていることに絞ることをお勧めします。それでも，保護者の中にトラウマを抱えている方がいた場合などに講演の内容やエクササイズで気分が悪くなったり感情が乱れたりする場合もあります。教師と異なり，保護者対象の研修会ではお互い初対面のことが多いので，体験型ワークを取り入れている場合，最初にアイスブレイクのエクササイズを入れることもあります。アイスブレイクの体験型ワークは身体接触を伴うこともあるので，これらは自由参加であること，参加しないことは特別なことではないと伝えておいたほうがよいでしょう。もし途中で気分や心身の不調や乱れが出た保護者がいた場合，SCは研修会を進めなくてはいけないため，フォローを教師にしてもらい，終了後にその方が望めば個人対応をしていきます。

・保護者向け研修会の例
　　「思春期の心理」
　　「親子のコミュニケーション」
　　「子どもの話の聴き方講座」
　　「叱り方，ほめ方講座」

Ⅳ　児童生徒向け

　児童生徒向けの研修会は，こころの授業として，総合的な学習の時間や道徳の時間に実施されることが多いでしょう。時間は，授業時間1コマ（45〜50分）か，その半分の25分程度になります。児童生徒向けでも，依頼され

る教師からの期待や求めるものによってテーマが変わってきます。クラス全体として足りない要素や過剰な部分を補う（例えば，言葉遣いが全体的に荒れている，自己主張の乏しい児童生徒がいつも損をする役回りをしている，落ち着きがなく授業に身が入っていない等）ことや時期的なテーマ（4，5月に自己理解や自己紹介のテーマ，入試時期にリラクセーション等）で決まっていくことになるでしょう。変わったところでは，部活動向けに研修会を行ったことがあります。ある中学校の運動部で人間関係からのトラブルが多く，顧問の教師との話し合いの中でエンカウンター・グループやソーシャルスキル・トレーニングが有効ではないかとなり，部活動にSCが赴き開催したことがあります。運動部（ジャージ・体操服姿）であり体育館での活動だったので，この時は身体を使ったエクササイズを多く取り入れることができました。

　児童生徒向けの研修会では，教師，保護者向け以上に体験型ワークを取り入れる必要があります。座学のみの授業では飽きてしまうことと同時に，いつもの授業と変わらないという印象をもたれてしまうかもしれません。SCが授業をするということ自体が，児童生徒にとっては非日常でイベント的な刺激があります。授業も座学のみで終始せず，楽しさや達成感があるものにしたいものです。楽しさ，達成感といってもいろいろあるでしょう。カウンセリングを専門とする私たちが提供できるのは，「理解してもらえた」「自己表現ができた」「相互理解が深まった」「心身が癒されすっきりした」といったことではないでしょうか。体験型ワークを取り入れ，これらの楽しさや達成感をもてるように工夫しましょう。後でアイスブレイクのためのエクササイズの例を挙げておきます。

　児童生徒向けの研修会で一番気がかりなのは，クラスが騒がしく授業が進まない，授業に参加してくれない児童生徒がいるといった可能性ではないでしょうか。SCがプログラムに乗せようとすることで，児童生徒を叱責したり注意したりするのは，本末転倒です。注意された児童生徒だけでなく，他の児童生徒にもSCが話を聴いて力になろうとする人ではなく，自分たちをコントロールし価値観を押し付けようとする人であると認識されてしまうかもしれません。佐藤（2003）はSCの授業に乗らない生徒がいるときは無理に授業に入れず，「授業の後で個別に心情を理解するために話を聞き，そのうえで，そう振る舞いたい気持ちを持つこと自体は否定せず，やった行為の分だ

け責任をとらせましょう」と述べています。佐藤（2003）によると児童生徒も教員も SC も「お互いに楽をしましょう」とのことですが，手抜きということではなく，参加している多くの児童生徒対象によい雰囲気で授業をすることができ，授業に乗れない児童生徒へは授業後に個別に対応してあげられるという意味で，お互い楽＝お互い益になる，ということになります。教師のなかにはせっかく SC さんが授業をしてくれているので，態度が悪い児童生徒を正し，授業に参加させようと熱心になる方もいます。ありがたいことですが，上記したような本末転倒にならないよう，後で私たちの得意分野である個別対応に持ちこんだほうがよいでしょう。

　それでも，非行系の生徒などは個別対応を拒否することも多く，心理臨床の専門家である私たちは，集団の指導や生活態度の指導を上手にするのは難しいものです。そういうケースが想定される場合は教師の知恵と経験を借りるのもよいでしょう。児童生徒向けの研修会は，授業の一環であり担任や学年主任も立ち会っており，協力をお願いすることもあります。佐藤（2003）は SC の授業で大切なのは「何を伝えるのかを明確にしておくことです。そして先生方と，その目的をフォローしてもらえる関係を作っておくことが重要です」と述べています。こころの授業の目的や進め方を教師と打ち合わせながら SC と教師の協働を進めていきましょう。クラスが荒れていたり，研修に乗れない児童生徒がいる場合の対処をどうするかも決めておくと SC の気持ち的にも楽になります。

　児童生徒の研修会でも，やはり個別配慮が必要です。保護者のときと同様個人的なトラウマや障害があり研修会で心身を崩す子どももいるかもしれません。また児童生徒向けの研修会では，さらに注意する点があります。いじめられたり疎んじられている児童生徒が，グループワークやエクササイズでハブられることが起こるかもしれません。エクササイズのなかには手をつないだり背中を合わせたりといった身体接触を伴うものもあります。いじめられている子がいわゆる「ばい菌」扱いされていて，研修会でも身体接触を避けられる事態が生じるかもしれません。研修会で児童生徒にさらに傷を負わせるようなことは避けたいものです。もちろんそういういじめや差別を解消することも研修会の目的として設定できますし，むしろ必要なことです。しかしなかなか根深い問題なので，研修会の企画段階で担任教師や養護教諭にクラスの状況を聞きそのような事態がありうるのかも確認し対処も考えまし

よう。

・児童生徒向け研修会の例
　「気持ちの伝え方（アサーション・トレーニング）」
　「入試ストレス対処法」
　「チームワーク向上のための体験ワーク」
　「言葉を使わないコミュニケーション」

〈研修会・講演会の形式〉

　研修会・講演会の形態としては，講話を聞いてもらう座学形式，何らかの作業や体験をしてもらうワーク形式があります。ワークはさらに分けられ，個人作業，グループワーク，全員で一斉に行うもの，となります。短い時間であれば座学形式のみでもよいですが，1時間以上，あるいは授業1コマ分（45 ～ 50 分）の研修会をお話だけで展開するのは難しいでしょう。SC も話し続けるのは大変ですし，聞き手も集中力を維持することは困難です。そうなると，座学形式とワーク形式を混ぜた形式を考えます。座学のみの場合でも，後半にはシートへの記入程度の作業を入れておくとよいでしょう。研修会の感想や印象に残ったことなどについて，評価尺度を使った質問紙のようなアンケートや自由記述をしてもらいます。終了後の集計で気になる内容を書いた児童生徒がいた場合は個人面接のアプローチにつなげることもできます。また，座学の後ではなく，研修会冒頭にアイスブレイクとして体験型ワークを入れることも有効です。特にメンバーが初対面かつ作業やエクササイズがある研修会では，自己開示やペア，グループでの活動が和やかにできるよう，最初に緊張を解く活動を入れましょう。講師である SC への親しみにもつながります。

　具体的なワークの種類には，シートへの書き込み，ロールプレイ，エクササイズ，などが考えられます。そのためには，ソーシャルスキル・トレーニング，構成的グループエンカウンター，アサーション・トレーニング，リラクセーション，メンタルトレーニングなどが参考になります。これらの勉強をしておくと，ワークだけでなく研修会の内容そのものや，時間配分や話し方など研修会の運び方，個別配慮，リーダーあるいはファシリテーターとし

ての姿勢，参加してくれないメンバーへの対処法などのヒントにもなります。

　体験ワーク形式は，座学のみで飽きてしまうことを防ぐと同時に，参加者の身体や感覚で受け取ってもらえるために理解も深まります。例えば，非言語コミュニケーションの重要性について「非言語が大事です」と言語で言うのは自己矛盾していますね。実際に非言語コミュニケーションを体験してみて，言語ではないレベルで味わって体験するほうが深く理解できます。

　また，教師向けの発達障害の解説の研修会で，発達障害の人の世界を体験してもらう工夫なども興味深く受け取られるでしょう。これは VR システムなどで体験できる道具や施設も開発されていますが，そのような大げさな装備はなくても工夫できます。私が考案したのは，レゴブロックをいくつかばらけた状態で用意し，SC が口頭で作ってほしい形（簡単な犬とか飛行機とか家とか）を述べて，教師に作成してもらうというのがあります。口頭指示だけで，ブロックをこちらの求める形に組んでもらうのはとても難しいものです。視覚優位の児童生徒が，口頭指示だけで作業することがいかに難しいか，完成品を現物や絵で見せるだけでとても簡単に作れるようになる，という体験を通じ，視覚支援の有効性を体験してもらうこともできます。厚い手袋をして作業をしてもらうなども，発達障害児の感覚の問題を理解してもらうヒントになります。

　研修会で使える体験型ワークもたくさんありますし，研修会の内容によって何を使うか異なります。そこで，次に研修会冒頭やワーク開始時に行うアイスブレイクに有効なエクササイズをいくつか紹介します。これらも無数にあるので，私が個人的にやりやすくよく使っているものを挙げています。

・アイスブレイクのためのエクササイズの例

　「後出しじゃんけん」：SC が先にぐーちょきぱーを出し，参加者がそのあとに出します。最初は勝つ手を出してもらいますが，次に負ける手を出してもらいます。これは想像よりとても難しく，思わず勝つ手を出してしまって参加者に楽しい混乱と笑いが起こります。掛け声としては SC が「♪後出しじゃんけんじゃんけんぽん，ぽん」と言い，最初の「ぽん」で SC が出し，次の「ぽん」で参加者に出してもらいます。その間隔を早くすると難度が上がっていきます。

　「話をしないで順番を作る」：非言語コミュニケーションの重要性を体験し

てもらいつつ楽しめるエクササイズです。順番は背の順，靴のサイズ順，誕生日順，などがよいでしょう。同じくらいの背の人は背中合わせして測ってみたり，指でサイズや誕生日を示したり，それぞれ工夫する様子が見られます。SC が「さあ，今から，一切話さずに誕生日の早い順になってみてください，ここが先頭です」などと発表し，全員が並び終わったら前から誕生日を言ってもらって答え合わせをすると盛り上がるでしょう。

「ブラインドウォーク」：ペアを作り，1 人に目を閉じてもらい（人数が少なければ目隠しを用意），もう 1 人が誘導して歩きます。安全に配慮すれば屋外でけっこう距離をとっても実施できます。視覚障害者の状況を体験するという福祉の授業にもなりますが，不安でも他者がいると安心できること，一方的なリードは不安をあおること，他者に安心してもらえるサポートを考えるなど，コミュニケーションの講座にとっても意義深いエクササイズです。

「マインドフルネス瞑想」：背筋を軽く伸ばし，呼吸に意識を集中してもらいます。そのまま，浮かんでくる考えを流すようにし，考えに意識を向けてしまったら，しばらくそれを感じ，またやさしく呼吸に意識を戻します。研修会の冒頭でも終了時でも使えます。アイスブレイクだけではなく，リラクセーションや感情・認知のコントロールがテーマの研修会では，マインドフルネス瞑想はメインのエクササイズになるでしょう。経験がない人が対象の場合，5 分前後がよいでしょう。児童生徒には多動傾向で苦手な子どももいるので，きょろきょろしたり動いてしまっても，他者にちょっかいを出さないようなら指導せず，そのまま待ちます。

〈資料作成・準備〉

今はマイクロソフトのパワーポイント等，プレゼンテーションソフトで資料を作成しスクリーンなどの大画面に映して行うことが一般的になってきました。研修会でもこれらを使用していきましょう。また，レジュメや作業で使用するワークシートも作成したら，印刷して配布することになりますね。リラクセーションやマインドフルネス瞑想などの際，自然音や音楽を流すこともあるでしょう。いずれも，SC が自分で事前に作成する時間が必要ですが，印刷やパソコン，スクリーン，マイク，スピーカーなども事前の段取りが必要です。週に 1 日あるいは 2 週間に 1 日程度の勤務の SC としては，研修会の前の勤務日には，設備の担当教員に依頼しておきます。

本章の最後に，私が過去に実施した研修会資料のサンプルを載せています。教員向けのレジュメ，保護者向けのワークシート，児童生徒向けのレジュメの3例です。

〈**参考資料（章末に記載）**〉

・**教師向け研修会レジュメ例（レジュメ①）**
　＊発達障害の児童生徒への対応に苦慮する教師が多く，学級崩壊も起こっている学校にて行いました。発達障害への誤解を解き合理的配慮のヒントになるよう，発達障害の総まとめ的なレジュメを作成しました。

・**保護者向け研修会ワークシート（レジュメ②）**
　＊こちらは親子のコミュニケーション力という保護者向け講習会にて，親子の間でのアサーションについて解説し，グループで記入し話し合ってもらうために作成したワークシートです。実際には別の題も複数用意し，グループで選んでもらいました。

・**児童生徒向け研修会レジュメ（レジュメ③）**
　＊こちらは，授業で実施した際にはプレゼンテーションソフトで発表しました。今回掲載するにあたって，レジュメ形式にまとめ直しています。

文　　献

Attwood,T. (1998) Asperger's Syndrome: A Guide for Parents and Professionals. London: Jessica Kingsley Publishers. （冨田真紀・内山登紀夫・鈴木正子訳（1999）ガイドブック アスペルガー症候群―親と専門家のために．東京書籍．）

傳田健三・かなしろにゃんこ（2006）マンガで読む 大人も知らない「プチうつ気分」とのつきあい方．講談社．

Gray, C. (1998) Social Stories 10.0: The New Defining Criteria & Guidelines. Jenison Public Schools. （服巻智子訳（2006）お母さんと先生が書くソーシャルストーリー―新しい判定基準とガイドライン．クリエイツかもがわ．）

Gray, C. (2003) Gray's Guide to Bullying. Jenison Public Schools. （服巻智子訳（2006）発達障害といじめ―"いじめに立ち向かう"10の解決策．クリエイツかもがわ．

伊藤美奈子（2003）校内研修会・講演会のもち方．In：伊藤美奈子・平野直己編：学校臨床心理学・入門―スクールカウンセラーによる実践の知恵．有斐閣，pp.127-145.

勝亦健介・若島孔文（2003）予防的治療こそはスクールカウンセラーの醍醐味である．In：若島孔文編：学校臨床ヒント集．金剛出版，pp.162-171.

國分康孝監修，國分久子・林伸一・飯野哲朗・築瀬のり子・八巻寛治編（1999）エンカウ

ンターで学級がかわるショートエクササイズ集．図書文化社．

小野次朗・上野一彦・藤田継道編（2007）よくわかる発達障害—LD・ADHD・高機能自閉症・アスペルガー症候群．ミネルヴァ書房．

尾崎洋一郎・草野和子・尾崎誠子（2005）高機能自閉症・アスペルガー症候群及びその周辺の子どもたち．同成社．

佐々木正美（2008）自閉症児のための TEACCH ハンドブック．学研教育出版．

佐藤智明（2003）授業をする．In：若島孔文編：学校臨床ヒント集．金剛出版, pp.115-123.

鵜養啓子（2002）校内教員研修会．In：村山正治・鵜養美昭編：実践！スクールカウンセリング．金剛出版, pp.121-133.

Wing, L. (1996) The Autistic Spectrum: A Guide for Parents and Professionals. London: Constable and Company.（久保紘章・佐々木正美・清水康夫監訳（1998）自閉症スペクトル—親と専門家のためのガイドブック．東京書籍．）

レジュメ①

発達障害の特徴と対応
―自閉症スペクトラムと AD/HD を中心に―

●自閉症スペクトラム障害（ASD）

　通常級，通級で出会うのは知的な遅れや言語の遅れが目立たない自閉症スペクトラム障害である。以前はアスペルガー障害や広汎性発達障害と呼ばれていた。

〈基本的な障害〉
①社会性の障害：場の雰囲気や人の表情を読むのが苦手，共感性が乏しい，など。孤立群，受動群，積極・奇異群があり，他者とかかわろうとするタイプもいる。
②言語・コミュニケーションの障害：言語が全く出ないことはないが，言葉で伝えることが苦手であったり，話し方に抑揚がなかったり，状況・文脈によって言葉が変わることが理解できなかったりする。冗談，比喩が苦手。視覚刺激・記憶のほうが残りやすい。
③興味や関心の限定，こだわり（想像力の障害）：先の見通しを立てるのが苦手。そのような状況では不安定になりがち。慣れていない環境は苦手，応用を利かすことが苦手。急な変更に弱い。他者の気持ちを想像するのが苦手。それらのため，自分の理解できる範囲にこだわる。法則性があるものを好む。
＊これらは脳機能の障害ないし特徴から起きる。

〈その他の特徴（あるいは基本的な障害から派生するもの）〉
・中枢性統合の不全：全体の認知から要素に分ける，あるいは要素をまとめ全体を認知する機能に問題がある（木は見えるが森は見えない。葉脈は見えるが木は見えない）。何が重要で何が些細なことか判断が苦手。興味をひかれた細部に注意が向いてしまう。文脈，背景情報の理解が苦手（目に見えないものは存在しないように感じる）。

- 実行機能の障害：脳の前頭前野の機能に不全があるため，日常性のさまざまな要素を考慮しつつ柔軟かつ計画的に物事を進めることが苦手。計画，選択，決断のすべてに理解と遂行上の問題がある。
- 感覚過敏あるいは鈍麻：音，におい，触覚が非常に敏感あるいは鈍い。通常聞こえない音が気になったり，触られると驚いたり靴下がはけないなど。偏食にもつながる。逆に大怪我していても気付かないなどもある。（五感すべてにそのような可能性がある）
- 選択的注意の障害：感覚過敏ともつながる。複雑な刺激の中から必要なものを選べない。すべてが鮮明か曖昧。
- シングルトラック，シングルフォーカス：双方向からの視点，多角的な視点が持てない。一度に一つのことしかできない。一つのことに一つの概念しかない。
- タイムスリップ現象（フラッシュバック）：時間を組織化できないこと，記憶が鮮明に残りすぎることから，不快な経験を急に思い出しパニックになる。
- 感覚運動統合の障害：感知する情報をうまく統合して運動につなぐことが苦手。粗大運動は体育で，微細運動は美術や技術，家庭科の授業で目立つ。姿勢制御の困難から，直立や体育座りが持続できない，イスからずり落ちることも。
- 視覚が優位なことが多い：話してもわからないことが文章にするとわかる。強みや支援法にもつながるが，こだわりや刺激に引っ張られる弱点にもなる。写真的記憶力によるつらさもある（記憶が焼きつく。嫌なことも忘れられない）。
- 心の理論：他者の心の状態への理解が弱い。たとえば「〜さんが困るでしょ」という指導や説得にピンとこないことがある（中学生くらいだと理解していることも多い）。

●注意欠如・多動性障害（AD/HD）
AD/HD のみの場合もあるが，ASD を合併することもある。

〈基本的な障害〉

①不注意：注意転動，注意集中の困難，注意配分の悪さ，などの症状。多動性がなく不注意のみの障害は注意欠陥障害（ADD）となる。

②多動症状：過活動とも言われる。座っていられず歩き回る，座っているけど身体を動かしている，過度に騒がしい，はしゃぎすぎ，多弁，ちょっかいなど。小学校高学年で収まることもある。

③衝動性：暴力性とイコールではない。だしぬけにしゃべる，順番が待てない，ちょっかいをかけるなど。乱暴というより「でしゃばり」「せっかち」のほうが当てはまる。攻撃性や暴力性は自己否定や孤立感から二次的に派生していることが多い。小学校では無邪気で明るく，いたずら者程度だった AD/HD 児が，周囲の成長によるずれや厳しい指導で攻撃的に変化することも多い。

＊思春期，成人期では多動性は改善されることがあるが，不注意，衝動性は残ることが多い。そのため整理整頓が苦手，孤立しがち，交通事故が多いなど，日常生活に支障をきたす。

● ASD，AD/HD の学校での問題行動例

・多動，離席，教室から飛び出す

・パニック（情報入力停止）を起こしやすい（暴れるのみならずフリーズもパニックの一種）

・学習にのらない，好きな科目だけする

・聞きながら書く，書いて覚える，自分と他人の状態の両方を見る（グループ活動や意見交換の場面）など学習面での困難

・友達がいないかトラブルが多い

・暴言，暴力

・不登校

・集団行動や生活習慣が身に付かない

・社会や自己，人間への理解が独特

・マイルールを変更しない。思考や行動パターンが固い

　以上のような問題行動は，定型発達の子どもとは異なった認知（情報処理）の特徴を持ち，そこから行動，心理状態，世界観を形成していることから起きる。発達障害には，神経学的な問題とそれからくる心理的・情緒的な問題が併発する。また，適応のため，あるいはこれ以上混乱するのを防ごうという努力の表れであることも多い。学校現場では行動，心理，世界観が目立つが，その背景に認知の特性があることを理解することが大切。

　認知の特徴は，一対一の会話では見られないこともあるので会話の能力だけでは判断できない。知能検査でも発見できないこともある。生活上の観察が大切。上記した問題行動の他に，同じ失敗・トラブルを繰り返す，ノートが取れない，漢字・英単語を覚えられない，などの時は疑ってみる。また，気分や環境に認知が左右されることも多い。暑い寒い，慣れない人といる，予定が変わる，怒られる，状況が理解できない，などになると，自閉的な特徴が表れるというタイプもいる（ピンチの時は自分の一番得意な方法に頼る）。

〈事　　例〉
　自閉症スペクトラム障害のA男くんの班は，今日は多目的室の掃除の当番です。班で多目的室に行くと，今日は行事でその部屋は使用中でした。そこにいた先生から，「今日は多目的室の掃除はいいから，教室の掃除を手伝ってね」と言われました。そこで班は教室に戻りました。みんなが教室掃除をするなか，A男くんは教室の隅に立ったままで何もしません。何人かが「A男！　ちゃんと掃除しろよ！」と言いますが，反応がありません。業を煮やしたB助が，「おい，ちゃんとやらないとだめだぞ！」と軽く背中を叩きました。そのとたん，A男はキレ，B助をなぐり大ゲンカになりました。担任が来てもなかなかA男の興奮は収まりません。暴力はやめましたが，赤い顔でB助をにらみつけ，話になりません。仕方なく，担任はB助と周囲から事情を聴き，お互いに思いやりが欠けていることを指摘します。B助は乱暴な口調だったことや軽くとはいえ叩いたことを謝りましたが，A男は謝ろうとしません。苛立った

口調で「先にＢ助が叩いた」と繰り返します。時間が経って落ち着いたＡ男は，暴力について反省していると言い，謝りました。しかし，数日後，またＢ助とトラブルを起こしてしまいました。

　以上の事例から，認知的な特徴を考えてみましょう。

●対　　策
・三原則
（1）周りを変える，（2）自信をもたせる，（3）特徴から指導法を考える
・具体的には……
①ビジュアル的な補助で見通しを立てる（やることを日課表に書く，ルール・約束を書く，対人トラブルは棒人間や吹き出しを使ったイラストで理解させる，等）。
②スモールステップ（大人が一緒にやる，限定した場面のみがんばらせる等）から始める。やらせたことは必ず成功で終わらせる。失敗でも，「頑張ろうとしたよね」と言ってあげる。
③論理，理屈だと分かることがある。常識や暗黙の了解も丁寧に説明する。ただし教師の主観を押し付けないよう注意！
④感覚・知覚が過敏すぎる，鈍感すぎる場合，余計な刺激を取り除く
⑤褒めまくる。1つ指導するなら10褒める。褒めるところがない場合，問題行動が起きていないことや減ったことを褒める。ただし，彼らの認知に残る形でないと褒められた記憶として残らない。
⑥パニック時は，刺激を少なくし，気分の安定を図る。言葉による指導はしない。回復したら，回復できたことを褒める。

　児童・生徒の特徴を把握したら，以上のような対策をできれば失敗やトラブル前に行い，うまくいったことをともに振り返る。自分で対応できるようになると自立となるが，最初から発達障害児本人に考えさせることは避ける。社会的に容認できない方法を考え付いてしまうことがある。

●希　望

　科学者，哲学者，スポーツ選手，芸術家，技術者には発達障害を持っていると思われる人も多い。そこまでいかなくても，視覚優位や論理性，独特な発想，真面目さは社会で有効に働く可能性もある。逆に，社会性が低い人ができる仕事が少なくなっているという産業構造の変化もあるため，社会性を伸ばす指導・療育も重要。自分自身や社会，他者についての理解を深めてあげ，その子の興味を応援し，周囲からの偏見やいじめから守り自信をつけさせると才能を発揮することが多い。

レジュメ②

親子のコミュニケーション力　ワークシート

○○中学校 PTA 研修会

スクールカウンセラー　田多井正彦

　それぞれのコミュニケーションのパターンとその後の会話の展開を想像して"親のあなたの回答"と，その後の子どもの様子を想像してシミュレーションしてみましょう。

〈テーマ〉

　子どもがゲームにはまっています。せめて平日は宿題をやり 11 時までには寝てもらいたいと思っていますが，注意しても「あと少し」を繰り返し，結局夜更かししています。

パターン	あなたの回答	子どもの反応／その結果
攻撃型		
受身型		
自己表現型		

レジュメ③

○○中学校　入試対策　心理学講座
スクールカウンセラー　田多井正彦

不安・緊張の対処法

●感情はどこから生まれるのか

・脳と心：記憶，感情，自律神経を司る。脳の部分は，大脳辺縁系という近いところにあり，密接に関係していると思われます。

●プレッシャー，ストレスがかかると……

・戦うか逃げるか固まるか反応（fight-flight-freeze）

心臓がどきどきして頭に血がのぼり，瞳孔が開いて，体温が上昇し，汗が出る（冷や汗），呼吸が浅くなる，消化機能停止，震えなど。この反応は自律神経の交感神経優位から起こります。

この反応は我々の祖先が，敵を認識した際に命を守るために起こる反応です。これが現代の試験を前にしても出てしまうが，試験には役に立たない反応です。

●不安について

1．「不安」とは

破局や危険を"漠然"と"予想する"ことに伴う不快な気分のこと。つまり，入試の失敗を，なんとなく，ぼんやりと，予想してしまうと不安になります。ちなみに，不安が明確な対象に向けられてはっきりすると，「恐怖」となります。

不安になると「気分」「身体」「行動」「考え方」が変化します。
不安度チェック：次の８つのうち，３つ以上が２週間以上続いていたら不安になっている可能性があります。

（参考文献：傳田健三・かなしろにゃんこ（2006）マンガで読む 大人も知らない「プチうつ気分」とのつきあい方．講談社．）

□いろいろなことが心配だ
□イライラする
□手のひらに汗をかく
□心臓がドキドキする
□息苦しい，呼吸がしにくくなる
□不安なものや場所をさける
□ひとりでいるのがこわい
□何か悪いことが起こりそうな気がする

２．認知面からのアプローチ
　不安という感情は予感，予想に関係しています。つまり，個人の考え方の違いで左右されます。
　不安は考え方によってパワーアップしてしまうことがあります。特にネガティブな気持ちがパワーアップすると，現実を超えてつらくなってしまいます。
　考え方が変わると同じ結果でもポジティブな気持ちになり，行動に移すことができます。また,より現実的な考え方と気持ちになっています。事実は一つでも，考え方を変えてみると気持ちや感情も変えることができます。

〈**考え方のかたよりのよくある例**〉
①根拠のない決めつけ，②白黒思考，③部分的焦点づけ，④過大評価・
　過小評価，⑤べき思考，など

３．身体面からのアプローチ
　考え方から抑える方法は，タイムラグがありうまくいかないこともあります。感情を表出する前に「５秒待て」と言われます。そこで，すでに述べたように，心と身体はかなり密接に関係している点から，身体面から気持ちに影響を与える方法があります。

　気持ちが身体に影響することもありますが，逆に身体が気持ちに影響することも多いのです。今年の夏は例年以上の猛暑でしたが，暑くていらいらして怒りっぽくなったり，集中力がなくなったりしたこともあったのではないでしょうか。また，たとえば筋肉のこわばりは，緊張や不安として心にとらえられることもあります。同じように呼吸も，早く浅くなると，気持ちもあせりや緊張，不安になってくることがあります。

4．リラックスする方法
・呼吸法

・筋弛緩法
　　グーとパー（足指も），肩上げ下げ

●最後に
　　3つの「あ」：あせらない，あわてない，あきらめない

授業観察のコツ

　SC の職務の中に，授業中の児童生徒の様子を観察するというものがあります。情報収集ということになりますが，これも，大学（院）の授業や研修会であまり教わらないというか，面接や相談に比べ私たちも熱心に身に着けることが少ないジャンルですね。もちろん，授業や研修ではアセスメントの一つ，観察法として教わることはあります。また，発達心理領域では観察は非常に重要です。特別支援教育や療育，巡回相談の分野で活動している心理士（師）は，観察に習熟されていることでしょう。応用行動分析に取り組んでいる方も行動の変容を測るのに特定の行動の頻度や強度を観察します。

　しかし，心理面接技法を専門に身に着けて SC になった心理士（師）にとっては，授業観察はなかなか学ぶ機会がありません。また，研究のための観察法は，SC の日々の活動で行うには，厳密すぎて気軽に実施できません。もちろん厳密であることは大切ですが，SC は面接がない時間にふらっと授業観察に行くという，カジュアルな活動も多いのです。

　そこで，ここでは私が現場で手探りで行ってきた，研究目的よりは気楽にできて児童生徒，教員，保護者の役に立てる授業観察のコツを考察してみたいと思います。

I　前提編

〈フォーマル（オフィシャル）な授業観察とインフォーマル（アンオフィシャル）な授業観察〉

　変な表現かもしれませんが，授業観察には正式（公式）なものとそうでないものとがあります。

　フォーマル（オフィシャル）な授業観察とは，教員や保護者から依頼されるものです。授業中の児童生徒の様子を観察し，見立てや助言を求められます。保護者から依頼された場合は，観察対象はその保護者の子どものみです

が，教員からの依頼の場合，対象は一人のこともあれば複数人のこともあります。

インフォーマル（アンオフィシャル）な授業観察は，だれかから依頼されたものではなく，SC が自分で必要性を感じ行うものです。相談に来ている児童生徒の授業や休み時間中の様子を知りたくなった場合や，クラスの様子や雰囲気を感じたくなった場合などです。教員や保護者から依頼されたのではなく，面接のためのアセスメントとして必要性を感じたときに主体的に行います。これも，事前に担任や授業担当者に伝えておく場合もありますが，ふらっと空いた時間に教室を訪れる場合もあります。前者はフォーマルに近くなりますし，後者はよりインフォーマル的ですね。

〈注意点〉

・先生方の誤解について

最近は，SC の授業観察も一般的になり，歓迎してくれる教員が多いのですが，注意点もあります。まず授業観察への誤解があるかどうかです。

授業観察という言葉自体に実は注意が必要です。この言葉は正確に言えば，授業中の児童生徒の様子を観察する，ですよね。しかし，授業を観察する，ととると，先生の授業を観察すると思われてしまうかもしれないのです。先生から，自分の授業の評価をされる，ダメだしされる，と誤解されてしまうこともあり得るので，特にそれまであまり授業観察が行われてこなかった学校では注意が必要です。また，教員の個性として，観察を好まない方もいます。事前に管理職や養護教諭，特別支援担当教員など，SC 活動に理解のある先生にていねいに確認しておくことをお勧めします。「授業中の様子を見に行きたいのですが，クラスって入って大丈夫ですか？　あまり入らないほうがよいクラスってありますか？」等です。授業観察に対するその学校の感覚や SC が入ることを好まない一部の先生を知る手がかりとなります。

ときに管理職や主幹，学年主任の教諭が授業観察を誤解している例もあります。上記したような誤解に基づいた依頼をされることもあります。先生の授業を観察し，その教師のよくないところを教えてほしい，場合によっては，SC から授業の進め方や生徒指導の方法を指摘や助言してほしい，と言われてしまうことがあるのです。発達障害や問題を抱えた児童生徒への個別対応や児童生徒の認知に応じた指導法などは助言あるいはコンサルテーションする

ことはできますが，教師にダメ出しするようにならないよう気を付けましょう。教員への「指導」は SC の役目ではないとお伝えするのがよいのですが，もし角が立つようなら，依頼してきた管理職や主幹，学年主任の教師の困り感を聞いてみるようにしましょう。対象となったクラスが荒れているとかその担任への対応に管理職や主幹教師が困難を感じているといったことが多いので，そのことに視点やテーマを変えて相談にのっていきます。

・SC の存在が刺激になってしまう

　授業観察を依頼されるのは，問題行動や発達の特性を持っている児童生徒，また荒れていたり学級崩壊を起こしていたりするクラスであることが少なくありません。そのような場合，SC が授業に入ること自体が刺激となり，児童生徒の問題行動が増したりクラスがひどく荒れてしまう場合もあります。私も非行傾向の生徒から直接「こいつなんだよ！　出てけよ！」と言われたこともありました。それらへの対応で授業担当者によけいな仕事を増やしてしまうこともあります。そういう易刺激性も観察の貴重な情報ではあるのですが，児童生徒への悪影響や授業担当者への負担も考えるとなるべく避けたいものです。とはいえ，マジックミラーのある教室というのもありませんので，教室のドア越しやドアを開けてもらっておいて遠くから観察する，事前に SC が観察に来ることを伝えておくなどの工夫も考えましょう。事前に伝えるのは，急な環境変化が苦手な自閉症スペクトラム障害（傾向）の児童生徒には特に必要な配慮ですね。担任と打ち合わせをし，急に授業に入ると刺激になる状態なのであれば，これらの対応も検討しましょう。あまりに状態が悪く，SC の存在がそこに拍車をかける場合は，複数の教員と入ることや授業観察自体を断念することも考えます。

▋ II　準備編

〈座席表をもらおう〉

　観察対象が一人で面接等でよく知っている児童生徒であれば，すぐに対象児童生徒を見つけることができるでしょう。しかしそれまでかかわっていない児童生徒を観察する場合，座席表をもらっておくと楽になります。また，対象ではないけれど，クラスに入って気になる児童生徒がいた場合も，すぐ

に名前がわかります。座席表がなく知らない児童生徒の名前を確認したいときは，持ち物の名前をさりげなく見るといった工夫をしないといけません。知っている児童生徒でも，授業観察は後ろから見ることが多いので，後ろ姿だとすぐに見つけられないこともあります。

　注意点としてはインフォーマルにふらっと訪れる場合は事前にそれらをもらうことはできないこともあること，今は小学校でも習熟度別少人数授業が行われているので，授業によっては座席表と異なる席に座っている場合があります。

〈どの授業に入るか〉

　授業の形式には大きく分けて，座学形式，図工・美術・技術・家庭科等の作業形式，体育，があります。実際の授業観察は，勤務日や面接との兼ね合いでどの授業にも入れるという場合は少ないのですが，選べる状況なら，対象児童生徒のもっとも特徴が出ると思われる授業を選びましょう。たとえば，粗大運動の問題であれば体育ですし，微細運動を見たいのであれば作業形式ですね。授業中の落ち着きややる気の問題なら，座学形式の中でも苦手な科目がよいでしょう。教員から事前にどの授業で特性が出やすいか確認することも必要です。また，座学形式でも，体育館で床に座るものもあります。学年単位で行う授業や集会のときです。その場合，いすに座っているときには出なかった背筋の弱さなど姿勢制御の問題が顕著に出ることがあります。床に座っていて，すぐに後ろに手をついてしまう児童生徒の場合，通常の授業でいすに座っている場合にもすぐに姿勢を崩し，結果左右後ろに目が向きやすく，結果クラスメイトに雑談をしかけ，結果授業に集中していないと怒られることがあります。その悪循環の原因は床に座っている状態を見ると，観察しやすいのです。

〈事前告知〉

　最近は支援員の制度も広まり，授業担当者以外の教員がクラスに入ることは一般的になっています。したがって，SC が授業観察に入るときに，児童生徒から奇妙に思われることは少なくなりました。授業観察の事前告知をする必要性は少ないのですが，いつも面接している児童生徒には，伝えておく場合があります。その児童生徒が自分を監視しにきた等と誤解する場合や，刺

激されやすく SC を見て興奮してしまいそうな場合，また自閉症スペクトラム障害（グレーゾーン含む）でいつもと違う状態でパニックを起こしやすい場合には，その児童生徒には告知しておく方がよいでしょう。具体的に「○月○日にクラスに行くよ」と言わなくても，「ときどき SC が授業に行くよ。SC がいてもいつも通りだからね」といった程度でも十分なことがあります。

■ III　実施編

〈自己紹介するかしないか〉

　ここからは実際に授業観察する際のコツや注意事項を検討します。
　まず，授業に入るときに，自己紹介や来室目的などを説明するか否かです。前述したように，担任以外の人物が入ることが今は一般的なので，自己紹介や説明は必須というわけではありません。授業の途中から入退室するときは，むしろ静かに何事でもないように存在することのほうが求められます。しかし自己紹介は SC の存在をアピールし相談につなげたり以後の活動をスムーズにするなどの効果がありますので，最初に観察に入るときや赴任してすぐのときには，クラス全体に自己紹介し，「今日はみなさんの授業中の様子を見させてね」などと簡単に授業に入る目的を説明するのがよいでしょう。

〈プライバシー・守秘義務配慮について〉

　特に気を付けるのは，授業観察はオープンな場で行うため，面接以上にさまざまな配慮が求められます。
　まず，観察する児童生徒が対象であると周囲に気付かれないようにしなくてはなりません。授業観察をすると休み時間などに話しかけてくる児童生徒もいますが，時々「○○さんを見に来たんでしょ」などと言われることがあります。対象児童生徒がクラスメイトにも「問題児」と認識されている場合，その子を観察に来たと，ばれていることがあります。もちろん，イエスと答えてはいけません。私は「みんなの様子を見に来たんだよ」と答えることにしています。
　クリップボードを持参して，記録していくことになるかと思います。その記録をのぞき込んでくる子がいるかもしれません。気配を消して（？）後ろから除く子もいます。SC が観察に夢中になっていると，後ろからの視線に気

づかないこともあるのです。休み時間等では，じゃれてクリップボードをはたいてくる児童もいます。うっかり落としてしまって，中身を見られることがないようにしましょう。プライバシー，守秘義務という閉ざされた面接室では当然のように守られていたものを，より意識しなくてはなりません。

　敏感にSCの意図を感じ取る児童生徒もいるので，対象児童生徒の観察のみにのめり込まないようしなくてはいけません。対象児童生徒の周囲にばかりいるとか，その周囲にいるときだけメモを熱心にとるといったことは注意し，バランスよくクラス全体を観察しているように気を付けます。

〈事実のみを観て記録する〉

　中澤（1997）は，観察法を「人間や動物の行動を自然な状況や実験的な状況のもとで観察，記録，分析し，行動の質的・量的特徴や行動の法則性を解明する方法をいう。そこでは行動記述（行動のありのままの記述記録），行動測定（姿勢，発語，やりとりのパターン，移動距離など客観的で観察可能な側面の頻度記録），行動評定（声の大きさ，注意の程度，活動への集中度など行動の程度の評定）や印象評定（行動から受ける印象の評定）のいずれかが行われる」と定義しています。授業観察にもこの定義を適用できます。

　記録において大事なのは，具体的な事実（中澤の言う行動のありのまま，客観的で観察可能なもの）の記録をするということです。たとえば，教員や保護者から「うちの子は授業中落ち着きがなくて困るんです。一度様子を見てください」と依頼されたとします。実際に観察に入ると，授業開始後15分で授業に席から立ち，教室の後ろで歩き回り，授業と関係ない遊びを始めたとします。この様子を見て「確かに落ち着きがないな」と感じても，記録に「落ち着きがない」と書いてはいけません。抽象的すぎることと，SCや教員，保護者の主観，価値観が入っているからです。同様の例として「だらしない」とか「不真面目」とか「やる気がない」などもあります。いずれも主観，先入観，価値判断が入っていると同時に，抽象的で特性を一言ですませてしまっています。「落ち着きがない」「だらしない」等という言葉は，妥当性があるのか，まだわからないのです。

　そこで，記録は事実として，行動と起こった時間をそのまま記載していくようにします。

〈悪い例〉

○年○月○日（　）　Aさんの授業観察

授業開始時，授業の準備をしない，その後も立ち歩いてBさんに話しかける，教室の後ろで寝転がる等，落ち着きのない様子が見られる。

〈よい例〉

	○年○月○日（　）　○時間目　Aさんの授業観察
授業開始時	ほかの児童と同時に座る。教科書等準備はしない。机上につっぷす。
5分後	支援員に促され，教科書，ノートを出す。その際筆箱を机から落とし，支援員と拾う。
8分後	授業を聞き，挙手もある。数回挙手するが，当たらず。
10分後	貧乏ゆすり始まる。
15分後	席から腰が浮き，片膝立ち状態。
20分後	離席し，教室の後ろにて立ち歩き。Bさんのところに行き話しかける。Bさんも反応し，離席を注意しつつじゃれ合う。女子数名から注意が飛ぶ。
25分後	担任より指導。Bさんは黙り授業に戻るが，Aさんは教室後ろに寝転がる。指導員が静かな口調で声かけすると，トイレに行きたいと言う。
30分後	トイレから戻り，教室に入らないが，支援員が誘うと着席。つっぷしている。
40分後	担任より，問題ができた人からノートを持ってくるよう指示。Aさんは隣の席に消しゴムかすを投げる。支援員が注意すると，つっぷす。
授業終了時 休み時間	終了と同時にBさんの所に行き，追いかけっこ始まる。廊下で走り，隣のクラスの女子にぶつかる。一瞬まずいという顔をするが，走って去る。 クラスの印象，雰囲気，環境など 教室内は暖房がかなり効き少し暑いくらい。教室前方に時間割，当番表，クラス目標，クラスのオリジナルキャラクターの絵がカラフルに作られ掲示されている。クラス全体として発言は多く，ときに他者への攻撃的な発言もある。担任は問題行動や不規則発言に注意することが多く，声は大きめ。

　このように，記録には極力事実そのものをメモします。これらの事実から導き出される結論として見立てをし，教師や保護者の使った「落ち着きがない」という言葉を使用しわかりやすく伝えることは必要です。しかしSCとしては，観察した行動について教師や保護者は「落ち着きがない」と理解し表現しているのだな，という距離の取り方も必要でしょう。

　この〈よい例〉も厳密な観察とまでは言えません。研究法では最初に先行研究に基づき，観察する行動のカテゴリーを作成するのでしょうが，SCとしては，そこまで厳密にしなくても，対象児童生徒や教師，保護者の支援につながるような観察をするよう心がけます。

　さて，具体的な行動を観察，記述する際，臨床心理学の分野では，応用行動分析あるいはその基本となっている機能分析の考え方が参考になります。応用行動分析では，行動と環境の相互作用に注目します。そのため，行動を本人の意図や思い，思考，感情といった心的概念にすぐつなげず，具体的な行動を観察します（坂野ら，2005；島宗，2019）。機能分析の情報収集方法として，鈴木・神村（坂野ら，2005）は「変容すべき問題となる行動（ターゲット行動）を特定し，先行刺激，あるいはその果たす機能（役割）を推測する」としています。これは授業観察でも大いに利用できる方法です。また鈴木・神村は「環境や個人の全体的特徴のみに漠然と注目すると対応策が出にくくなってしまう」と述べていますが，確かに，学校での問題でも，これまで述べたように「落ち着きがない」「だらしない」といった抽象的な問題設定は，対応策につながらず，その児童生徒の特性と考え，その児童生徒を責めてしまいがちです。SCや教師，保護者の先入観や主観，価値判断で対象児の特性を一言でまとめてしまうことをなるべく減らすためにも，具体的な行動を観て記述し，環境との相互作用をとらえる視点が重要だと思います。

　とはいえ，応用行動分析や行動療法を用いてカウンセリングを行わなければならないというわけではありません。それらでは，象徴的意味や対象者の内面，過去の体験についてあまり扱いません。しかし，たとえば過去のトラウマがある子ども（人間）が取りやすい行動を知っていれば，観察の結果からトラウマ体験を推測できます。あるいは，強がってあえて教師やクラスの意見に反発している行動は，精神分析の防衛機制として見立てることがふさわしい場合もあるかもしれません。甘えつつ攻撃的な児童生徒の行動は，対象関係論から見立てることが理解を深め支援につながるかもしれません。環

境からの作用としてのみ見ていると，正確な見立てにならないこともあるのです。応用行動分析や機能分析の視点から過去のトラウマやそこから作られた内的な世界観を扱うことは難しいですが，トラウマ体験を見立てられれば，外部機関で本格的な心理療法を保護者に勧めるなどの対応もとれます。応用行動分析，機能分析の方法を使った授業観察と情報収集を行いつつ，見立ては柔軟に，またトラウマや愛着の問題を抱える子どもが取りやすい行動や思考，感情の状態についても知っておきましょう。環境との相互作用なのか，対象児の内的な問題なのかも含め，先入観や偏見をなるべく減らして観ていきます。つまり，応用行動分析，機能分析の方法を利用しつつ，その視点からも自由になっておくのです。

　授業観察には多くの場合，観察の目的となる行動や状況があります。観察法でいうと，「事象見本法」になるでしょう。事象見本法は，「あらかじめ，対象となる行動を決めておき，実際の観察しながらその行動の生起，経過，結果の状況を記録する」（原野，1997）というものです。先述したように応用行動分析，機能分析でもターゲット行動を設定します。「落ち着きがない」「だらしない」「集中力がない」「板書ができない」「クラスメイトとのかかわりがうまくいかない」などの問題を感じた教員や保護者から授業観察を依頼されたりSC自身が知りたくて実施することが多いので，対象となる行動は最初から決められていることになるのです。限定的なテーマを観察しつつ，なるべく主観，先入観を排し具体的事実を正確に記録することが授業観察のコツです。

〈行動だけでなく，掲示物，机の上や中も観る。教室全体の雰囲気も感じとる〉

　せっかく教室に入れる機会ですので，掲示物も観てみましょう。そこに対象児童生徒の特性や認知・知能の問題が表れていることもあります。たとえば自己紹介文の内容，書字のバランスや漢字のミス，絵の特徴などです。板書やノートの字も，席近くに行くことができるようなら観てみましょう。

　発達に詳しい方は，これらの情報だけでもかなり見立てられるのかもしれませんが，私のようにその分野の専門ではないSCには，そこから多くの情報を引き出すことはなかなか難しいでしょう。そこで観察の目的である，行動や特性が表れているかという視点が便利だと思います。衝動性が問題とされている児童生徒の掲示されている作文の字がマスからはみ出していたり，自

閉症スペクトラム障害の児童生徒の描いた絵がとても精密であったり，いつも電車のことばかり書いて（描いて）いたり，AD/HD の児童生徒のロッカーや道具箱がとても乱れていたり，などです。もし，聞いていた問題や特性と正反対の様子が掲示物に観られた場合も貴重なデータとして記録します。

　掲示物は問題や特性を支持する根拠にもなりますが，「ほめポイント」にもなり得ます。行動が問題だとされ，注意や指導を受けることが多い対象児童生徒の長所を見つけられるかもしれません。集中力がないと言われた児童生徒の絵がとても上手だったら，その点を「ほめポイント」としてもいけるので，問題行動だけでなく，絵や習字，目標や自己紹介を記述したもの，係分担表なども観察します。

　また，教室全体の雰囲気を感じ取る良い機会です。これも私たち個人を対象とすることが多い心理士（師）は知る機会が少ないので，授業観察時の大切な情報になります。たとえば，対象としている児童生徒が聴覚に敏感な場合，クラス内でのさまざまな音量はどうか，視覚に敏感な児童生徒にとって教室の掲示物はどうか，あるいは言葉を文字通り受け取る傾向の児童生徒が対象の場合，クラスで乱暴な言葉が多く飛び交っていないか，などです。クラスの雰囲気や全体的な傾向が，発達特性のある児童生徒に影響を与えているかもしれません。私は以前，とても繊細で自己主張の苦手ないわゆるおとなしいタイプの不登校中学生生徒と面接をしていましたが，その生徒のクラスに観察に行ったところ，大変荒れてしまっていました。授業中であるにもかかわらず，ある非行系の生徒がその不登校生徒の机を蹴りながら「こいつの机いらねえじゃん。捨てようぜ！」と大声で言っていました。その非行系の生徒にも，そのような荒れ方をしてしまう事情があるのだとは思いますが，繊細で傷つきやすい不登校生徒をこのクラスには戻せないと感じました。そこでその不登校生徒を教室に復帰させる方向のカウンセリングは行わないことに決め本人や保護者と話し合っていきました。クラス全体の様子や雰囲気を知っておくことは，個人面接にも影響します。面接や観察している対象児童生徒にとって，クラス全体の様子がどう影響するかという視点を持ちましょう。

IV　見立て編

　ターゲット行動の具体的な観察と記述を済ませたら，見立てを作っていきます。ここでもいくつか視点を持っておくと便利でしょう。

〈観察以外の情報を得る〉

　授業観察のみで見立てるというのは，とても難しいものです。授業観察だけでは情報不足という点もありますが，そもそも観察法の短所として，「観察対象となる行動が生起するのを待たねばならない」（中澤，1997）のです。授業観察の時間が数十分あるいは1時限といった場合，観察中に対象となる行動が出ないことがあり得ます。

　以上の理由から，観察以外の情報も含めて見立てていくことは必須です。徳田（2003）は「学校臨床の見立ての特徴は，多次元で多様な情報の総合によって成立する」と述べています。授業観察からの見立ての場合もその姿勢が必要です。児童生徒本人，保護者，教員からの日常の様子の聞き取り，（面接しているなら）児童生徒との面接時の様子，関係機関からの申し送り，知能検査や発達検査の結果や所見，掲示物やノートの書字・描画など，入手できるほかの情報と合わせて見立てます。観察の時点で問題とされた行動や特徴的な様子が出現しなかった場合，あるいは正反対の様子が見られた場合には，本人や日ごろ接している保護者，教員からさらに詳しく具体的にその様子を聞き，観察の中の行動に少しでも兆候がなかったか考えてみます。また，その日に表出しなかったことは，好材料でもあります。問題行動が出ない要因があったのかもしれません。それは今後の対策や解決策のヒントになります。例えば，観察の前日に席替えをしていて，後ろの席から一番前の席になっていたということが問題行動を抑えたのかもしれません。そう仮説を立て，授業観察で教員から聞いていた情報よりも，よそ見が少ないとか黒板に集中していた様子が観察できて記録されていれば，その仮説の可能性が高まっていきます（そういった点からも，問題行動の先入観にしばられず価値判断しないでよいとか悪いとか関係なく具体的な様子を細かく観察，記録する必要があるのです）。そうであれば，今後席を前に固定するという環境調整が対応策としてあり得ます。

　また，WISC や K-ABC などの知能検査，発達検査も，保護者や学校から提供があれば，合わせて見立てていきます。検査で得られた結果や所見が授業や学校生活でどのように表れているか，日常での困り感や問題行動とどのように関連しているか，検査結果が具体的にその児童生徒の理解につながっていきます。しかし，検査結果や所見と実際の様子が異なるケースがあります。その場合，その児童生徒にとって，検査の状況と授業の状況の差が大きいということが想定されます。多くの検査は一対一で静かな状況で行われますので，検査の場と生活の場の違いにフォーカスしてみることや，慣れない場と馴染んだ場の違い，初対面の検査者と慣れている教師，保護者，友人との違い，体調の影響，といった視点を持っておきましょう。

　実践編でも述べましたが，対象児童生徒の絵や工作，習字，作文なども観ておくと，見立ての参考になります。問題行動や特性，知能検査の結果が表れている場合もあります。ここでも，ずれがあり得ます。「落ち着きがない」と言われていた児童生徒の絵がとても精巧でかなり集中して描いていた様子があったり，「不真面目」と問題視された児童生徒の目標や係の仕事についての掲示物が前向きなものだったり，WISC の言語理解指標が低いのに作文が上手だったりします。もちろん，そこから「本当は集中力があるんだ」「本当は良い子なんだ」「検査では実力が出なかったんだ」などという抽象的で単純な見立てが出てくるわけではありません。絵の集中力と授業や係活動は注意の質や方向性が違いますし，好きなことに過集中するとほかのことは疎かになります。作文の能力は言語理解で測られる力だけではありません。ここでも，さまざまな情報を合わせて，一番考えられる見立てを作ります。

　また，絵の上手さ，前向きな言葉は，問題児とされてしまいがちな児童生徒へのほめポイントにもなります。本人へのエンパワーメントや教師・保護者に対象児童生徒の長所を伝えていく材料になります。「集中力がない」と言われる児童生徒に「あ，でも絵は集中してるよね。教室の絵，見事だったよ。あんな絵描けるんだから，集中力自体が無いわけじゃないんじゃない？」などと，ほめつつ問題の本質を探る話ができます。

〈問題行動は適応しようとする行動かもしれない〉

　授業観察は多くの場合，対象児の問題行動あるいは状態がある場合に行われます。しかし，問題行動を問題であるという視点以外も持っておく必要が

あります。それは，その行動が，対象児がなんとか授業や学校の活動に参加しよう，あるいは，これ以上悪い状態にならないようにしようというけなげな試みである場合があるのです。先の授業観察の例では，担任の指導，支援員の声かけの後に，トイレに行くという例を出しました。これを「落ち着きがない」証拠とすることもできますが，もしかしたら，これ以上パニックにならないよう，気分を変える，身体を冷やす等といった目的で行っている可能性があるのです。教員や保護者はこの視点を持ちにくいものなので，伝えることで視野が広がり，社会的にもふさわしい適応行動に切り替える支援策を検討できるようになるのです。もし，身体が暑くなると気持ちも落ち着かなくなるという場面がほかでも観察されたり教師や保護者から聞いたエピソードにも出てきたとしたら，授業中の水飲みを許可する，服装の調整を教師が声かけするなどの合理的配慮が考えられます。徳田（2003）は学校臨床の見立てに「最も必要なのは子どもの潜在的可能性の見立てであり，どのように関わったかその可能性を引き出せるかの判断である」と述べています。問題行動のなかにも児童生徒の可能性がある，問題行動自体が適応を目指した試みである，といった情報は，授業観察で見つけることができるものとしてはとても大きなものです。

〈変わるべきなのは児童生徒か環境か？〉

ショプラーら（Schopler et al.,1985）によると，自閉症スペクトラム障害の治療教育プログラムとして有名な TEACCH では，子どもの適応能力の進歩の仕方には2通りあると言います。一つは自閉症スペクトラム障害の子どもが新しいスキルを身に着けることによって，自分の障害を克服することです。もう一つは，その子どものもっている欠落・欠損部分をカバーできるように，環境のほうを変えるという方法です。後者は環境調整あるいは構造化として知られています（Schopler et al., 1985; 佐々木，2008）。つまり，環境からの刺激，影響が学習や活動を妨げるように作用しているときは，環境を物理的に変えるのです。この視点は特別支援教育の基本の一つになっていると思われますが，授業観察でも，対象児が自閉症スペクトラム障害でなくても，大いに参考になります。児童生徒の特性として，ある種の刺激（音，気温，触覚，視覚等）で影響を受けやすい場合，その特性を変えたり我慢の仕方を教えるよりは，教室や指導を構造化し環境調整を行うことが解決に向

かいます。自閉症スペクトラム障害の人は，構造化された環境では柔軟性が増して通常の学習プログラムにも乗りやすいと言われています（Mesibov & Howley, 2003）。私たち心理士（師）は個人のカウンセリング・心理療法に慣れているので，どうしても個人が変わることを目指してしまいますし，教師や保護者も児童生徒の成長を考えているので，児童生徒の変化を期待します。しかし，授業観察においては，児童生徒が変わるべきなのか，環境が変わるべきなのかという視点を持って見ていきます。それには，応用行動分析のように，先行刺激と随伴性を観察しておきましょう。

ただし，TEACCH より難しい面があります。それは対象児が自閉症スペクトラム障害かどうかわからないということです。自閉症スペクトラム障害と診断が出ていれば，TEACCH の専門家はその前提で観察し，観察すべきポイントも確定していることでしょう。しかし SC 活動においては，診断があるケースだけではなく，漠然と問題行動があるという時点で観察，見立てが必要になるので，環境調整，構造化を前提とした情報収集とは限らないということも意識しておきます。

〈児童生徒本人，保護者，教師に伝えるとき〉

見立てのめどがついたら，児童生徒本人，あるいは観察を依頼した保護者や教員に伝えます。専門用語は極力使わず，相手の言葉に沿うように説明します。抽象的すぎかつ先入観，価値観が入るとして観察時の姿勢や記録としては避けてきた「落ち着きがない」「だらしない」という言葉も，相手が使った言葉であるなら，まずはそれに合わせてもよいでしょう。そのうえで，実はその一言ではまとめられず，また対象児童生徒の特性だけで問題行動が出ているわけではないこと，問題は問題だけではなく別の意味を持つのかもしれないということを伝えます。

もっとも大切なのは，徳田（2003）が言うように，子どもの可能性とその可能性を引き出す方法を伝えることです。問題行動や特性の原因やメカニズム，三項随伴性などを伝えるだけでも，理解が進み，自分について，あるいはわが子について納得できるという効果もあります。それらが安定につながることも多いです。しかし，それだけでは，「それで，どうしたらよいのでしょう？」「それがわかっても現場で困っていることは変わらない」という不満も出てくるかと思います。常にどうしたらよいかをセットにしましょう。そ

の対応策を教師や保護者に伝えるときは，環境調整，構造化の面を伝えることが多くなります。児童生徒の特性理解も，前述したように周囲の人たちの納得感とそこからくる安心感という効果はあるのですが，児童生徒の特性であるなら周囲の人たちは何もできない，と受け取られるかもしれません。環境調整や構造化，合理的配慮を勧めることは，可能性を引き出すアイデアや行動につながるのです。

　残念ながら，SCにも対応策がわからない場合があるでしょう。そのときは，率直に「わからないので，さらなる情報収集を進めさせてください」と見立ての継続を提案しましょう。専門の外部機関へのリファーを提案することも考えますが，たらいまわしの印象を与えないよう，外部機関に行っても，SCとのかかわりが切れることはないと伝え安心してもらいましょう。また外部機関を勧められたときには，大事になってしまう怖れというのを児童生徒本人や保護者は持つものです。その怖れにも共感や理解を示し，それでも外部機関の重要性をていねいにゆっくり説明し理解を求めていきましょう。

　また番外編的ですが，まれに，教員や保護者に見立てが反発されることがあります。現状や教員，保護者の判断とずれていれ納得されないというときは，もちろんこちらの見立てが間違っていることがあります。柔軟に，自分の見立ての間違いや情報不足を訂正し，協力して双方が納得できる見立てを探すよう提案します。しかし，最近は特別支援教育の考えも浸透してきていますが，地域によって，あるいは教員や保護者の個人の傾向として，合理的配慮に同意しにくい方もいます。児童生徒の問題行動は，個人の努力やこころがけだけで解消するべきだという信念をお持ちの場合です。冷静で論理的な説明をし，教員や保護者の立場にも共感しつつ地道に理解を求めていきましょう。しかし，そこまではSCの役目でしょうが，それ以上の対応が必要なときは管理職にも相談，報告してみましょう。

文　　献
原野明子（1997）事象見本法の理論と技法．In：中澤潤・大野木裕明・南博文編：心理学マニュアル観察法．北大路書房，pp.24-35.
Mesibov, G., & Howley, M. (2003) Accessing the Curriculum for Pupils with Autistic Spectrum Disorders: Using the TEACCH Programme to Help Inclusion. London; David Fulton Publishers. （佐々木正美監訳，井深充子・大澤多美子・中島洋子・新澤伸子・藤岡紀子・藤岡宏訳（2006）自閉症とインクルージョン教育の実践．岩崎学術出版社．）
中澤潤（1997）人間観察の理解と観察法．In：中澤潤・大野木裕明・南博文編：心理学マ

ニュアル観察法．北大路書房，pp.1-12.

佐々木正美（2008）自閉症児のための TEACCH ハンドブック．学研教育出版．

Schopler, E., Olley, J. G., & Lansing, M, D., 佐々木正美・大井英子・青山均訳（1985）自閉症の治療プログラム．ぶどう社，p.23.

島宗理（2019）応用行動分析学―ヒューマンサービスを改善する行動科学．新曜社．

坂野雄二監修，鈴木伸一・神村栄一（2005）実践家のための認知行動療法テクニックガイド．北大路書房．

徳田仁子（2003）学校臨床における見立て・アセスメント．In：伊藤美奈子・平野直己編：学校臨床心理学・入門―スクールカウンセラーによる実践の知恵．有斐閣，pp.61-84.

雑務を合理的にこなすには

　ここからはさらに「メインの仕事（臨床の仕事）」ではない仕事にフォーカスしましょう。あらゆる職種において，「メインではない仕事」＝「雑務」を，いかに時間をかけずにこなすかは大きな課題です。製造業であれば物を作る，営業職であれば商品を売る，芸術家であれば作品を作る，ことがメインの仕事でしょう。しかしどの仕事にも，直接利益につながらない雑務がつきものです。この雑務に手間取り，利益を出す仕事が滞ったり遅れたりすることは避けなければなりません。雑務をいかに合理的にこなすかも，その人の成果とつながってくるのです。そして雑務を合理的にこなせないと残業することになり，自分の心身の健康にもかかわってきます。

　SC にも当然雑務があります。たとえば，相談室の整備や整理整頓，美化があります。はたらく場所，顧客を迎える場所を整備するのはどのような仕事の事業所，営業所，工場，作業所，クリニック等，どのような場所においても必要なことです。また報告書を書くことや SC 活動に必要な物の作成も雑務と言えるでしょう。一般的なテーマすぎるゆえか，これまで SC 関連本で正面から語られたことがありませんでした。

　まずは，配属され勤務の初日〜初期と，勤務してからの日々に時期を分けて考えます。

I　勤務初日〜初期に行うこと

　まず配属された初日〜初期にかけてです。はじめて入った相談室を見て，自分が SC 活動を行うのに足りないものはないか，環境はどうか，そして重要なこととして，自分にとって居心地がよさそうか，直観と熟慮を合わせて考えます。相談室に必要な設備，居心地の良さというものは SC によって個人差がありますので，前任者のセンスと合わないことは当然です。自分が安心して快適に，余計なストレスを感じず，被支援者のことを第一に考えられ

る相談室になるべく近づけるのが，最初の雑務となります。例えば自分が事務作業で座る机と椅子，面接するソファやテーブル，本棚，箱庭等の位置を変えてみます。来談者や自分の導線はどうか。来談者の座る位置はドアや窓が急に開けられても見えない位置にあるか。自分が得意で扱いやすい玩具や児童生徒・保護者にお勧めできる書籍はあるか，壁は掲示物が貼れるか，相談機関のパンフレットやリーフレットをどこに置くか，SC が使えるパソコンはどこにあるか，入口やキャビネットの鍵はどうなっているか，消毒や清掃用具はどうか，暖房や冷房機器はどうか等，いろいろ確認し，今ある設備や備品で業務をシミュレーションしていきます。

　合理的なこなし方という観点から見ると，この作業は学校に勤務した初回から数回のうちに行いましょう。数回目の勤務からは児童生徒や保護者の相談，教員とのコーディネート，ケース会議，授業観察といった臨床の仕事が増えていきます。最初に自分の業務をシミュレーションし相談室を整えて，足りない物を補うことを考えて行きましょう。

∥　日々の雑務

　勤務がスタートすると，毎回の勤務ごとに雑務は発生します。当たり前ですが，相談中や授業観察中，会議中に雑務はできません。むしろ，臨床の仕事中には雑務を忘れ，被支援者の益を第一に考え集中したいものです。雑務にわずらわされないために，合理的にこなすコツを身につけておきましょう。

　雑務を合理的にこなす最大のコツは，隙間時間をいかに見つけ使うかです。臨床の仕事が無いときが隙間時間にあたります。相談が入っていない時間があれば，数十分から1時間とれるでしょう。その時間は雑務にあてる機会です。たとえば，日報はすべての臨床の仕事が終わってから書く必要はありません。隙間時間があったら，その時間までに行ったケースの報告を書いたり相談件数等の数字のカウントをしてしまいましょう。掃除も，最後の予約相談が電話相談なら，相談者が座る椅子やテーブルは直接来談の方の相談が終わったら電話相談前に行うことができますね。

　日々の業務の中ではもっと細かい空き時間もあることでしょう。数分でもあれば報告書や記録は部分的に書けますし，ごみ捨てやシュレッダー，掲示物の張替え，予約カードの作成などは，来談者がくる前の数分の隙間時間で

やってしまえます。

　隙間時間は日々の業務のなかでも見つけるものと，1カ月単位で見つける
ものがあります。1カ月単位というのは，たとえば月末までに行う雑務があ
る場合，隙間時間が月の始めにあれば月末まで待たずにできることはやって
しまいましょう。月末に報告書があるとすると，相談件数の数字のカウント
や事例報告は，その前の週であろうと途中まで，あるいは部分的にでも数え
たり書いたりしておいて，月末の勤務日にはその日のみのカウントや記述だ
けにすると，その日に相談や授業観察が立てこんでいてもあまり負担になり
ません。また月末にSCだよりを発行する予定であれば，月末まで待つこと
なく隙間時間がある日に書いてしまえばよいのです。

　また，学期ごとや学年末にケース報告や相談件数などの報告がある場合も，
勤務最終日や提出締め切り日に行う必要はありません。隙間時間があるとき
に，その日までの報告や数字のカウントをしておいて，学期末や学年末に残
りを追加するだけにしておくと，楽になります。

　隙間時間と同時に大切なのは，優先順位をつけることです。見つけた隙間
時間に，優先順位の高い雑務を入れます。雑務のなかにもやりやすかったり，
得意・好きな仕事があると思います。ときに人は，優先順位より好みを優先
してしまいますが，ここは合理的に考え，せっかく確保した隙間時間には優
先順位の高い仕事からこなしましょう。

　優先順位の決め方ですが，緊急性のあるもの，締め切りや期日が迫ってい
るもの，重要なもの，毎日やるもの，時間に余裕があるもの，特にやらなく
てもよいもの，の順です。

　SC関連の書籍で緊急性と言われると，事件事故等の緊急支援と思われるで
しょうが，ここでは，雑務の緊急性です（実際，臨床の緊急支援が入ったと
きも，雑務を合理的にこなしていると緊急支援での混乱も最小限に抑えられ
ます）。たとえば，月ごとの報告書を提出し忘れていて，管理職や教育委員会
から催促された場合は隙間時間ですぐにやるべきでしょう。また学外の機関
と情報交換する時間が迫っているのにケースのまとめをしていない，来談者
に渡さないといけない予約カードが尽きている，などです。多くの場合，緊
急になってしまうのはうっかりしていた場合でしょう。締め切りや期日が迫
っているものが次にくるのは当然ですね。SCは1，2週間に1回の勤務が一
般的なので，期日が来週だと期限が迫っていると言えるでしょう。

　毎日やらなくてはいけないものは，たとえば掃除，日報などですね。先述したように，勤務終了時間まで待つ必要がないものは隙間時間でやってしまいます。時間に余裕があるものとは，1カ月後や学期末が期日のものです。これも先述したように，緊急性〜毎日やるものという優先順位の高い雑務がなく隙間時間があればやります。予約カードが数カ月後にはなくなってしまうかな，というときも，隙間時間があれば在庫がたくさんあっても作ってしまいましょう。特にやらなくてもよいものとは，やったほうがいいけど，SCとしての仕事にさほど影響がないものです。たとえば，棚の上の掃除とか文房具の整理整頓といったものです。これは雑務のなかでも，本当に余裕があるときにやっておくとよいくらいのものですね。

III　SCならではの雑務の具体例

　ここでは，SC活動に特有の雑務をいくつか挙げておきます。

〈掃除，消毒〉

　公立小中学校の場合，教室や保健室は児童生徒がよく清掃活動を行います。教室はもちろん各クラスで班ごとに当番がありますし，保健室や放送室，多目的室などは，割り当てられたクラスでやはり班当番制になっているでしょう。しかし残念ながら，教育相談室は，割り当てられていないことが多いのです。近年は，用務業務を外部業者に依頼している学校，自治体もあります。そのような学校では児童生徒が清掃活動をしない箇所（職員室や昇降口等）は業者さんが行ってくれているのですが，相談室はそれにも割り当てが入っていないことがあります。

　そこで相談室はSC自身で掃除をしなければなりません。とはいえ，相談室は1，2週間に1，2回程度しか使われないので，それほど汚れないことが多いでしょう。しっかりした掃除は毎回の勤務ごとにしなくても大丈夫でしょう。日々行うのは使用した椅子，ソファ，テーブル，ドアノブを掃除，消毒する程度です。床の掃除等はごみや汚れが目立ってきたらでよいのではないでしょうか。

　定期的に来談する不登校の児童生徒に掃除の手伝いを頼むことが臨床的に意味のあることがあります。社会的な活動，人に認められほめられる活動と

して，彼ら／彼女らが安心できる場所である相談室の掃除を手伝ってもらうのもその第一歩となり得ます。

　数カ月，または学期末には，おもちゃやボードゲーム，ぬいぐるみ等の相談室で遊ぶものの洗濯や消毒をします。ぬいぐるみやパペットなど，手軽なものはスプレータイプの除菌・消臭剤などを利用することです。乾くのに時間がかかりますが，学期末等には保健室の洗濯機を養護教諭に頼んで使わせてもらったりもできます。

　執筆中の 2021 年冬，新型コロナウイルス（COVID-19）が広がっています。消毒の頻度や程度は，感染症や社会的な要請の程度等で今後も変わってくるでしょう。

〈報告書／日報書き〉

　各学校や自治体で報告書や日報の書き方はかなり異なります。毎月提出するところもあれば，学期ごと，あるいは学年末のみのところもあります。内容も，相談件数の数字のみでよいこともあれば，短いケースレポートを求められる場合もあります。各自治体や学校のやり方を勤務初日に確認しましょう。

　ただ，いずれにしても，作成を退勤時間ぎりぎりに行う必要はありません。隙間時間でできるところまでまとめておいて，退勤前には最後のケースや活動のみ記録するようにしていきましょう。余計な残業やストレスが減ります。

　注意点として，特にケースの内容を書いた報告書は絶対に関係者以外の目に触れないようにしなければなりません。書きかけの記録も，自分がトイレ等短い時間退室するときでも部屋の鍵を確実にかけるか，鍵付きのキャビネットや棚に入れることを意識しましょう。退勤時はしっかりと管理しようとする意識が強いですが，短い退室時や部屋にいるときでも，来談者にふと見られないように気を張っておきます。

〈記録用紙（カルテ）整理と管理〉

　相談内容や授業観察内容を記録する用紙も必要です。私はルーズリーフを使うのが好きなのですが，人によっては白紙，方眼用紙などを使う人もいます。自分だけのメモ的な使い方をする用紙は，好きなものを発注しましょう。そしてそれをまとめるファイルも必要です。相談を重ねていくとその枚数が

増えていきますし，相談者や教師等からいただいた資料も同封しておくことに加え，ほかの人と混ざらないようにする必要もあります。記録用紙や資料をまとめたファイルを個人別に用意し，きちんと鍵付きのキャビネットや棚に保管できる環境を整えましょう。当然報告書と同様の管理上の注意が必要です。

　また，注意点として，SC の報告書や記録用紙は，何らかの事件事故等があった場合に情報公開が請求されると，公開される可能性が挙げられます。報告書と違い自分用のメモとして記録は行うため，特に他人に見せるように書く必要はないと思うのですが，あまりに乱暴な表現やあまりに SC の主観や偏見が入った表現は避けたほうがよいと思います。

〈作成物〉

　第 1 章でお伝えした「SC だより」「パンフレット」や「掲示物」「相談の予約カード」などが作成物になります。「掲示物」の一部（たとえば「相談室入口」「相談室ポスト」など一度作成したら数年間使うもの）は，勤務初日に作成するのみですが「SC だより」や「SC 来校日カレンダー」等は 1 〜 2 カ月に 1 回，「相談予約カード」等は無くなってきたらそのたびに，作成が必要になります。期日ぎりぎりに慌てないように先を見通して作成したほうが，慌てなくてすみます。

　これらは，工作が得意な方は手作りで暖かさや個性が出るように，色紙や画用紙，折り紙などで作ることもできます。学校でカラープリントできるようなら，パソコンできれいで見栄えのよいものが気楽に作れます。作成物をラミネーターでコーティングすると，耐久性も見た目もアップしますよ。ドアや窓などは，そのものは変えられませんが，掲示物を張ったり透明な窓をシートで曇りガラスにしたり，イラストや看板で華やかにしたりなど，些細なことですが，自分の好みに，あるいは来談者が安心したり親しみを感じるよう変えることができます。

〈設備／環境の整理と整備〉

　設備や備品，環境には，大物と中物と小物があります。これは私の表現なので，もっときちんとした言い方があるのかもしませんが，とりあえず，大物は，すでに相談室に設置されていて SC 個人ではどうにもならない物，例

えばエアコンやドア，窓，備え付けの棚等です。中物は，ソファやいす，テーブル，掃除機，加湿器，ヒーター，扇風機等，他に後から相談室に追加できる家具・家電製品等，小物は文房具，消毒液，洗剤等，日常的に使うものです。

　個人ではどうすることもできない大物の設備の不具合やメンテナンスについては管理職や事務員さん，主事さん（用務員さん）に対応をお願いすることになります。

　中物は自分でメンテナンスをする必要があるので，その点も考えて購入しましょう。また安全性も考慮します。たとえば，加湿器は気化式ですとフィルターを手洗いする必要があったりして，勤務時間にメンテを行うのが面倒だったりします。一方，スチーム式はメンテは楽ですが，沸騰するお湯を使うので，特に小学校では安全性を考えます。児童が手を触れない場所というだけではなく，児童生徒がパニックになって手当たり次第に物を投げる等乱暴なふるまいをするときでも身体に触れない安全な場所が相談室にないと，スチーム式はお勧めできません。ヒーターなど暖房器具も同様ですね。そういった点でほかのオフィスや事業所とは異なる注意が必要なのです。

　小物は消耗品でもあります。これも早め早めに発注や準備しておかないと，相談が連続して入っている日に記録用紙がないとかペンがインク切れといったケアレスミスがあってどたばたしてしまいます。隙間時間は，消耗品の在庫，残量をチェックするのにあててもよいでしょう。

第5章

相談室予算の使い方

　前章で設備や備品について考察しましたが，これらをそろえ相談室の環境を整えるにはお金が必要です。各学校，各自治体が設定している年度内予算の範囲内であれば使用することができます。もちろん，多ければ多いほどありがたいのですが，こればかりは SC はおろか管理職でも決めることはできません。その限られた予算内でですが，多くの場合欲しいものの発注は学校事務職員さんに依頼します。物品発注書に記載して事務職員さんに提出するのが一般的ですが，年度内予算の金額や発注方法も事務職員さんが知っているので，最初に確認しましょう。

　前章でも書きましたが，着任したときに，SC として活動するのに必須と思われる設備，備品があるか確認します。次に，あったほうがよいもの，あれば快適に業務が行えるものを考えます。予算を使うときにも，優先順位があるのです。また金額の大きなものを基準に考えましょう。年度後半で高いものがどうしても欲しくなったのに予算がないということは避けたいものです。年度の後半とは，つまり寒い季節です。エアコンはすでに設置されているでしょうが，足元のヒーターや加湿器，サーキュレーター，コート掛け等，寒い季節に必要となるものがあるかどうか，そのための予算をとっておくべきか検討します。

　必要なものが予算範囲をこえていると，入手はなかなか難しいです。私はSC になったばかりのころ意外に感じたのですが，学校の相談室にはソファがないところも多いのです。テーブルとイスで相談するということなのでしょうが，大学院での研修期間や民間のカウンセリングルーム等ではソファでのカウンセリングを行っていたため，それが常識と思ってしまっていました。「え，カウンセリングするのにゆったりと座れるソファがないの？」と感じたものです。おそらく SC が導入されたときに進路相談や生活指導の印象でそろえた設備として，テーブルとイスなのでしょうか……。そこで SC 用と来談者用の対のソファを購入しようとしたのですが，ソファは高額で，予算が

足りないことが多かったです。その際には，学校で（校長室や保健室などにソファがあることがある）余っているソファをもらってきたり，1年目で1つ買い翌年に新たにもう1つ買い，と2年がかりでそろえたりしました。

　どの商品をどのルートで購入できるかも，学校，自治体によって異なります。事務室にある通販カタログからしか購入できないこともあり，そのカタログにあるものをそのカタログの値段でしか買えないことがあるのです。安い家具店やネット通販であれば十分予算内にあるものでも買えないということがあります。また，個人で買ってきたものをレシートや領収書を示し必要経費として請求するということも，学校ではできないかと思われます。通販カタログは一般の事業所やオフィス向けのものと，学校向けのものが事務所にはあります。しかし，相談室用の玩具（たとえばトランプやぬいぐるみ），心理学関連書籍等は，そのようなカタログにはありません。そういった商品を購入する場合は，その商品のホームページやネット通販のページを印刷して頼むなどがありますが，やはり購入方法を事務職員さんに聞いてみましょう。

　なお，ボールペンや消しゴムなど小物備品は，発注しなくても事務室にある備品をもらえることがあります。多くの場合それらはトレーに入っていることが多いのですが，そこから必要な分を相談室にもっていってもよいか確認します。

　最後に，番外編と言いますか，困った事例として，予算がSC活動や相談室についていない自治体もあるのです。その場合，私が経験した過去の例では，保健室用に購入してもらい相談室に貸し出すという形をとることや，学校のなかで欲しいものが余っていないか探して借りてきたりということがありました。副校長や教頭先生が自腹で準備してくれたこともありましたが，これはなるべく避けたいですね。

おわりに

　必要は発明の母，などと言いますが，本書は私が「SC だより」を作成していて，こんなイラストがあったらいいのに，という思いから生まれました。たとえば，SC の相談活動のアピールとして，椅子と机ではなくソファで面接している風景を載せたいと思っていました。日ごろ教室で椅子と机であることが常識である学校で，教育相談室ではソファでゆったりと，ぬいぐるみなどもあるなかでお話ができるというイメージを持ってもらい，先生や親にも話せないことでも気楽に，否定されることなく相談できるという雰囲気を伝えたいと思っていました。しかし，学校のイラストカット集やネット上のフリー素材では，「ソファで話す人」というイラストは見つけられませんでした。

　そこで，欲しいなら自分で作ってしまおう，出版すれば他の SC のみなさまにも貢献できるし，ということから本書の企画を開始しました。

　そして，「SC だより」について考えていくと，過去に大学院での授業や臨床心理士になってからの研修会，学会で，まったく教わっていないことに気づきました。そのことにふと気づいたとき，SC 活動のいくつかの仕事で，大学院でも研修会でも先輩からも書籍でも教わっていない，学べていない業務がほかにも多々あることに思いいたりました。

　それらをまとめ，これまでメインの臨床の仕事の影に隠れて取り上げられることが少なかった仕事について，自分の経験をまとめ考察してみました。私は小学校 6 年生のとき，クラスの新聞係としてクラス新聞を発行していました。これがとても面白く，担任の先生に頼み込んで 1 年間出し続けていました。また，SC になる前に勤務していた学習塾運営の仕事でもお便りを多く作成していました。SC としての経験に加えこれらの経験が今回ご紹介した「SC だより」作成のベースになっているように思います。そして学習観察の方法や雑務の合理的なこなし方も，社会人経験で鍛えられたものです。営業の仕事がメインの場合，雑務に時間をさくことをなるべく避けて利益をあげる仕事に労力をかけられるよう，そしてなるべく残業をしないように上司からも指導を受け，自分自身でも工夫していました。

　本書はそれらの経験をまとめ，なるべくメインの仕事に私たちの力を注ぎつつ，そのほかの仕事にも手間取らないようにすべく作成しました。SC の働き方改革に貢献できれば幸いです。

　しかし，今回のアイデアやサンプルは，私一人で考え付いたものでは決してありません。私も前任者の「SC だより」を見たり，SC が複数人配置されている学校では同僚となる SC が作成したものに感銘を受けたりもしました。平成 7（1995）年より始まったスクールカウンセラー制度からの積み重ね，いや，学校のお便り配布というさらに昔からの文化，先生方のご尽力の積み重ねによって，この本は生み出されたと思っています。

　本著のメインは，私の書いた文章ではなく，イラストカットにあると思っています。イラストを突然 200 個近くも依頼したにもかかわらず快くお引き受けいただき，かわいらしく和やかで見やすいイラストを描いていただいた神白かどやさんには，この場をお借りして厚く御礼申し上げます。なお，全てのイラストの監修は田多井が行っており，責任は私にあります。

　最後に，遠見書房の山内様には，これまで単著はおろか共著も翻訳も出していない，大学教員でもない一介の心理士（師）からのいきなりの持ち込み企画にご賛同いただいたこと，本当にありがたいことと思っております。

　100 年ぶりのパンデミックという世界的な困難の中，子どもたちのこころの癒しと健やかな成長を願って。

令和 3 年 6 月　田多井正彦

イラストカット集

（1）SC と小学生

（2）SC と男子中高生

（3）SC と女子中高生

（4）SC と両親

（5）SC と親子

（6）グループ面接（小学生）

（7）グループ面接（中高生）

（8）クラスで授業をする SC

（9）保護者会で話す SC

（10）授業観察する SC

（11）電車で遊ぶ子どもと SC

（12）絵を描く子どもと見守る SC

（13）粘土細工する子どもと見守る SC

（14）コラージュする子どもと見守る SC

（15）ブロック遊びをする子どもと見守る SC

（16）将棋をする子どもと SC

（17）廊下で生徒に挨拶する SC（中高）

（18）廊下で生徒に挨拶する SC（小学校）

（19）給食（小学校）　　　　　　　　　　（20）給食（中高）

（21）家庭訪問

（22）電話する SC

（23）電話している子ども

（24）電話している保護者

（25）カードを示す SC

（26）オンラインカウンセリングしている SC

（27）担任教師と話す SC

（28）ケース会議

（29）チーム学校

(30) もやもや悩む子ども

(31) 過去を思い出して悩む子ども

(32) スマホを持って悩む子ども

(33) 集団にひそひそされる子ども

（34）楽し気に友達と話しつつ、
　　 気を遣っている子ども

（35）何か書いている子ども

（36）ゲームに夢中な子ども

（37）不良

(38) スカートとスラックスを持って
悩む子ども

(39) 朝起きれず憂鬱そうな子ども

(40) 夜寝付けない子ども

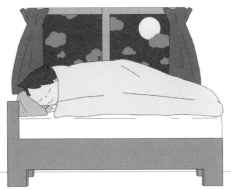

(41) 心地よく寝ている子ども

（42）明るくすっきり起きる表情の子ども

（43）怒って自己主張する子ども

（44）気弱そうにおどおど自己主張する
子ども

（45）笑顔で丁寧に自己主張する子ども

（46）怒る子どもと怒り虫

（47）手洗いを真剣な顔でしている子ども

（48）体重計に乗って悩んでいる子ども

（49）手首に包帯を巻いている子ども

(50) 鏡を見て悩む子ども

(52) クラスで一人だけあつがっている子ども

(51) 腹痛の子ども

(53) クラスのざわざわした音が嫌で耳を塞ぐ子ども

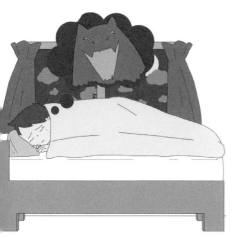

（54）悪夢を見ている子ども　　　　　（55）テレビで災害の様子を見て怖がっている子ども

（56）体罰を受けている子ども　　　　（57）大人にしかられている子ども

（58）大人にほめられている子ども

（59）受験会場で緊張している学生

（60）舞台で緊張している子ども

（61）教室に入れない子ども

（62）教師やクラスメイトに暖かく迎えられる子ども

（63）呼吸法　　　　　　　　　　　　　　　（64）前　屈

（65）仰向けに寝る子ども

（66）バランスボールに乗る子ども

（67）音楽を聴いてリラックスする子ども

(68) 目を閉じて海を空想する子ども

(69) 林の中を歩く子ども

(70) 相談室ポストに手紙を入れる子ども

(71) 手を差し伸べる大人

（72）マッサージしている二人組

（73）ブラインドウォークしている二人

（74）車いすに乗っている子ども

（75）物思いにふける女子

(76) 物思いにふける男子

(77) ヤマアラシのジレンマ／近づいて痛い

(78) ヤマアラシのジレンマ／離れて寒い

(79) ヤマアラシのジレンマ／程よい距離で暖かい

（80）ミューラーリヤー錯視図（やじるし）

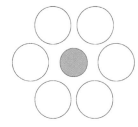

（81）エビングハウス錯視図

（82）多義図形（うさぎとアヒル）

（83）多義図形（ルビンの壺）

（84）草　　花

（85）新芽に水をあげて若木に成長する

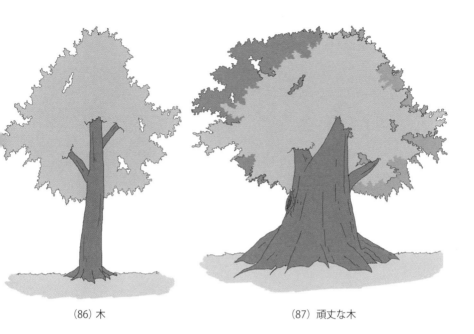

（86）木　　　　　　　　　（87）頑丈な木

（89）ひこばえ

（88）しなやかな木

（90）林

（91）はなさかじいさん

（92）花のリース

（93）花　束

(94) 四つ葉のクローバー

(95) 丸くなって眠る猫

(96) 伸びをする猫

(97) 飼い主となついている犬

（98）飛びたつ鳥

（99）小　　鳥

（100）フクロウ

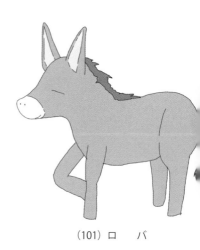

（101）ロ　　バ

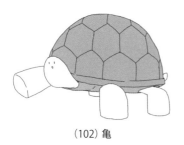

（102）亀

（103）ウサギ

（104）温泉とサル

（105）イルカ

（106）スイカ

（107）イチゴ

（108）みかん

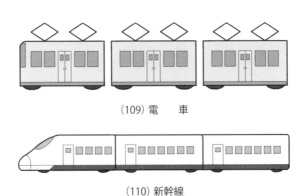

（109）電　車

（110）新幹線

（111）バ　ス

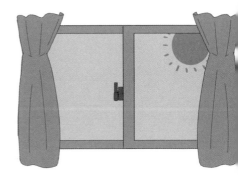

（112）晴れの窓

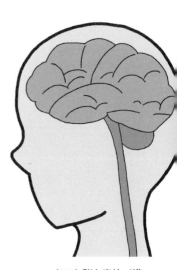

（113）雨の窓

（114）脳と脊柱／横

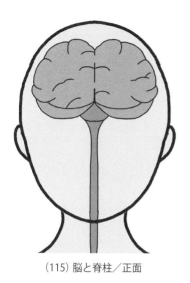

（115）脳と脊柱／正面

（116）笑顔のハート

（117）悲しむハート

（118）怒りのハート

（119）両手で包み込むハート

(120) 怒りでとげとげしたキャラクター

(121) 悲しみでもやもやしたキャラクター

(122) 恥ずかしがるキャラクター

（123）モンスター

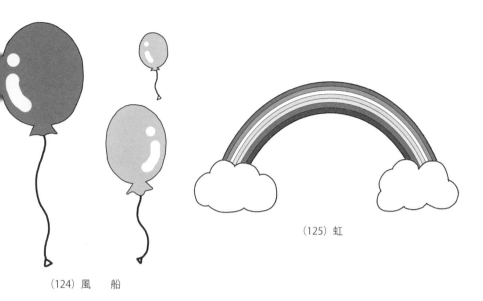

（125）虹

（124）風　　船

（126）雲間の光

（127）暗闇の中の光

（128）SOS を出して沈む舟

（129）島

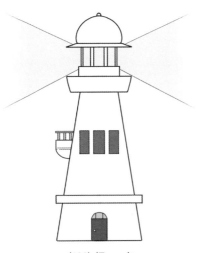

（130）灯　　台

（131）山登りする子ども

(132) 1 学期　ロゴ

(133) 2 学期　ロゴ

(134) 3 学期　ロゴ

(135) 1 月

(136) 2 月

(137) 3 月

(138) 4 月

(139) 5 月

（140）6月

（141）7月

（142）8月

（143）9月

（144）10月

（145）11月

（146）12月

(147) 正月風景

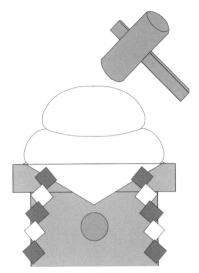

(148) 鏡開き

(149) 節分

(150) バレンタイン

(151) ひな祭り

(152) ホワイトデー

（153）卒業式（小学校）

（154）卒業式（中高）

（155）入学式（小学校）

（156）入学式（中高）

（157）子どもの日

（158）母の日

（159）梅　雨

（160）父の日

（161）海

（162）夏休み

（163）山

（164）始業式（中高）

（165）始業式（小学校）

（166）敬老の日

（167）紅　　葉

（168）十五夜

（169）秋の果物

（170）稲穂

（171）合唱コンクール

（172）展覧会

（173）クリスマス

（174）大掃除

（175）冬休み

（176）木目の看板／縦

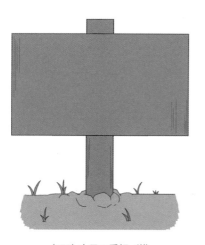

（177）木目の看板／横

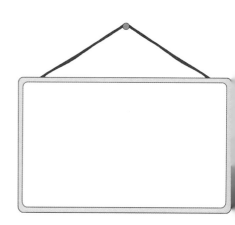

（178）ホワイトボード

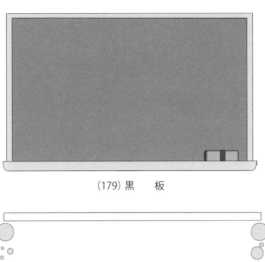

(179) 黒　板

(180) 枠 1

(181) 枠 2

（182）枠3

（183）ライン1   （184）ライン2

（185）ライン3

（186）教育相談室ロゴ   （187）教育相談室ロゴ

（188）カウンセリングルームロゴ

（189）入口ロゴ

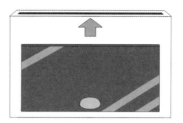

（191）相談室ポスト

（190）相談室内

（192）箱　　庭

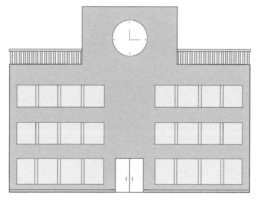

（193）校　　舎

予約カード

○ ＿＿月＿＿日（　）曜日

○ 昼休み ・ 放課後

○ ＿＿時＿＿分 から

（194）予約カード（中高）

予約カード

○ ＿＿月＿＿日（　）曜日

○ 中休み ・ 昼休み ・ 放課後

○ ＿＿時＿＿分 から

（195）予約カード（小学校）

（196）眼　　鏡

（197）リボン

（198）ヘアピン

ダウンロード資料のご利用方法

　本書に掲載しているイラストカット集のデータは，小社のホームページから無料でダウンロードができます。一定の使用条件においてはライセンスフリーですので，そのままご使用いただくことも，改良を加えてご使用いただくことも可能です。
　このダウンロードができるのは，本書の購入者に限ります。購入者以外の利用はご遠慮ください。また，本データのファイル形式は「PNG」になります。ファイルを開くにはソフトが必要となります。

本データのダウンロードの仕方

1）小社の販売サイト「遠見書房の書店」https://tomishobo.stores.jp/ にアクセスをしてください。
2）左上の検索ボタン（虫眼鏡のような形をしたアイコン）を押して，〈イラスト・ダウンロード〉を検索してください。URL は，https://tomishobo.stores.jp/items/6124a57d7acd1669adce95fb です（もしくは下の二次元バーコードをお使いください）。

3）「0円」であることを確認して，「カート」に入れて，手続きを進めてください。ご入力いただくお名前などは，何でも構いませんが，メールアドレスは後日の連絡用に必要になることもありますので正しいものをお使いください。
4）手順に沿ってダウンロードができたら，ファイルをクリックします。パスワードを要求されますので，JJ435:uikPQ（ジェイ・ジェイ・よん・さん・ご・コロン・ユー・アイ・ケー・ピー・キュー）を入力してください
5）ファイルサイズは，モノクロ版 47 MB，カラー版 93 MB の計 140 MB ほどです。
6）うまく行かない場合は，弊社 tomi@tomishobo.com までご連絡をください。

使用条件

・本書 103 ページから 147 ページまでに掲載されているイラストは，ダウンロードされたデータを利用したり，本書のコピー等を切り抜き，貼り付けることなどで使用することができます。

・本書のイラストが利用できるのは，本書の購入者のみです。購入者以外は利用できません。不正な利用が見つかった場合は必要な措置をとらせていただきます。

学校内での利用

・本書のイラスト（以下，本イラスト）は，学校内での利用の場合，無料で使用が可能です。

1）学校（小学校，中学校，高等学校，大学，各種専修学校を言います）に所属する教職員らが本書の購入者であり，その方が本イラストを用いて印刷物を作成し，所属する学校内で配布する　→　枚数問わず，無料で可能です。（たとえば，「SC だより」に使う，授業のレジュメに使う，保護者会で配布する印刷物に使う）
2）学校に所属する教職員らが本書の購入者であり，その方が学校の管理下で作成された印刷物を本イラストを用いて校外に配布する　→　枚数問わず，無料で可能です。（たとえば，校区の一般家庭に「SC だより」を配布する）
3）学校に所属する教職員らが本書の購入者であり，その方が学校の管理下で作成されたホームページなどに本イラストを使用する　→　無料で可能です。（たとえば，「学校のホームページにイラストを使用する」「『SC だより』を PDF にして，ホームページからダウンロードできるようにする」）
4）学校に所属する教職員らが本書の購入者であり，その方が所属する学校の授業でパワーポイントなどのプレゼンテーション・ソフト等に本イラストを使用する　→　無料で可能です。（たとえば，パワポの挿絵として本イラストを使用する）

学校外での利用

・本書の購入者が，学校以外の活動において，本イラストを利用する場合は，以下のように定めています。

1）レジュメやチラシ，書籍等の紙や電子（PDF や epub）の印刷物（以下，印刷物とします）で，印刷部数（電子の場合は複製部数）が 500 部以下の場合は無料で利用ができます。ただし，1 つの印刷物につき本書のイラストが 10 点までの利用に限ります（同じイラストの複数回利用は 1 と数えます）。11 点めからは，1 点につき 750 円で利用ができます。支払い方法は 9）をご覧ください。
2）印刷物の印刷部数が 501 部〜 1,000 部の場合は，イラスト 1 点につき 750 円で利用ができます。支払い方法は 9）をご覧ください。
3）印刷物の印刷部数が 1,000 部〜 9,999 部の場合は，イラスト 1 点につき 3,000 円で利用ができます。支払い方法は 9）をご覧ください。
4）レジュメやチラシ，その他印刷物などで，印刷部数が 1 万部以上の場合は，イラスト 1 点につき 10,000 円で利用ができます。支払い方法は 9）をご覧ください。
5）印刷物が複数ページになる場合，印刷物のどこでもいいので，「Illustration © Kamishiro Kadoya」もしくは「イラスト © 神白かどや」と表記をしてください。

６）増刷などをした場合は，印刷した部数に応じて，追加で利用料をお支払いください。初刷時は無料でも増刷をすると有料になることもありますので，ご注意ください。

７）本書の購入者が，学校外での研修会やワークショップ等でパワーポイントなどのプレゼンテーション・ソフトに本イラストを使用することは可能です。使用料を払う必要はありません。ハンドアウトで印刷物を配布する場合は，上記１〜４に該当をしないかご注意ください。

８）動画配信／動画共有サイトで使われる動画に本書イラストを利用する場合，「Illustration ©Kamishiro Kadoya」もしくは「イラスト © 神白かどや」と表示してください。無料で使用可能です。

９）利用料は，「遠見書房の書店」https://tomishobo.stores.jp/ で「神白イラスト使用料」をご購入ください。左上の検索ボタン（虫眼鏡のような形をしたアイコン）を押して，「神白イラスト」を検索してください。あるいは，下記 QR コードからお入りください。印刷部数の変更や想定部数よりも少なかった場合の返金は受け付けませんのでご注意ください。

利用不可の場合

・以下の場合の利用は認めません。不正な利用が見つかった場合は必要な措置をとらせていただきます。

１）購入者が，学校以外のウェブサイトや不特定多数が閲覧する可能性のある SNS などにおいて，本イラストを１つのファイルとして購入者以外が使用できたり，ダウンロードができる形での利用は認めません。

２）本書のイラスト・データ，およびコピーを他者に貸与，配布，譲渡することはできません。また，オリジナルの素材として販売，再配布，商標登録はできません。

３）本書のイラストを利用したグッズの制作・販売の場合，遠見書房までお問い合せください。

４）本書のイラストの大幅な加工は認めません。

・本書イラストの著作権は，イラストレーターの神白かどやさんと著者の田多井正彦さんに，配布権および販売権は遠見書房に帰属します。

・本書のイラストの著作権についての問い合わせは，遠見書房が窓口になっています。何かわからないことがある場合，御気軽にお問い合わせください。
遠見書房 tomi@tomishobo.com

索　引

著者略歴

田多井正彦（たたい・まさひこ）

しらかば心理相談室代表，東京都公立学校スクールカウンセラー
長野県松本市生まれ，神奈川県横浜市育ち。公認心理師・臨床心理士。
慶應義塾大学文学部人間関係学科人間科学専攻卒業。大手学習塾に入社。運営スタッフとして勤務したのち，臨床心理士を目指して退職。東洋英和女学院大学大学院人間科学研究科人間科学専攻臨床心理学領域修了。
大学時代にメンタルフレンドのボランティアを経験。その後も常に子どもたちと触れ合う職場で活動している。2019年，「しらかば心理相談室」開室。合気道の心理療法への応用も実践，研究中。合氣道三段。

ブックレット：子どもの心と学校臨床（4）
学校では教えないスクールカウンセラーの業務マニュアル
――心理支援を支える表に出ない仕事のノウハウ

2021年10月10日　第1刷
2021年10月30日　第2刷

著　者　田多井正彦
発行人　山内俊介
発行所　遠見書房

〒181-0002 東京都三鷹市牟礼 6-24-12
三鷹ナショナルコート 004
TEL 0422-26-6711　FAX 050-3488-3894
tomi@tomishobo.com　https://tomishobo.com
遠見書房の書店　https://tomishobo.stores.jp

ISBN978-4-86616-132-7　C3011

©Tatai Masahiko 2021
Printed in Japan

※心と社会の学術出版　遠見書房の本※

遠見書房

スクールカウンセリングの新しいパラダイム
パーソンセンタード・アプローチ，PCAGIP，オープンダイアローグ
（九州大学名誉教授・東亜大学）村山正治著
ブックレット：子どもの心と学校臨床（1）SC事業を立ち上げた著者による飽くなき好奇心から生まれた新しい学校臨床論！　1,760円，A5並

発達障害のある子どもの性・人間関係の成長と支援
関係をつくる・きずく・つなぐ
（岐阜大学）川上ちひろ著
ブックレット：子どもの心と学校臨床（2）友人や恋愛にまつわる悩みや課題。多くの当事者と周辺者の面接をもとに解き明かした1冊です。1,760円，A5並

教師・SCのための
学校で役立つ保護者面接のコツ
「話力」をいかした指導・相談・カウンセリング
（SC・話力総合研究所）田村　聡著
ブックレット：子どもの心と学校臨床（3）保護者対応に悩む専門職ために臨床心理学の知見をいかした保護者面接のコツを紹介！　1,760円，A5並

子どものこころの世界
あなたのための児童精神科医の臨床ノート
小倉　清著
本書は名児童精神科医の旧著『こころの世界』（1984）に大幅加筆した復刻版。一般・初学者に向け，子どもの心の問題をわかりやすく解き明かした。小倉臨床のエッセンスが満載。1,980円，四六並

公認心理師の基礎と実践　全23巻
野島一彦・繁桝算男 監修
公認心理師養成カリキュラム23単位のコンセプトを醸成したテキスト・シリーズ。本邦心理学界の最高の研究者・実践家が執筆。①公認心理師の職責～㉓関係行政論 まで心理職に必須の知識が身に着く。各2,200円～3,080円，A5並

ママたちの本音とグループによる子育て支援
「子どもがカワイイと思えない」と言える場をつくる
（北星学園大学名誉教授）相場幸子著
子育てに悩む母親のためのグループ支援の活動記録の中から心に残るやりとりを集めた1冊。「母親なら子どものためにすべてを犠牲にすべき」などの社会の，母親たちの本当のこころ。1,980円，四六並

精神の情報工学
心理学×ITでどんな未来を創造できるか
（徳島大学准教授）横谷謙次著
機械は心を癒せるか？――本書は画像処理・音声処理・自然言語処理技術の活用，ネットいじめの社会ネットワーク分析など，心理学と情報工学の融合を見る最先端の心理情報学入門。1,980円，四六並

教員のための研究のすすめ方ガイドブック
「研究って何？」から学会発表・論文執筆・学位取得まで
瀧澤　聡・酒井　均・柘植雅義編著
実践を深めたい，授業研究を広めたい。そんな教育関係者のために作られたのがこのガイド。小規模研究会での発表から学会での発表，論文執筆，学位取得までをコンパクトに紹介。1,540円，A5並

場面緘黙の子どものアセスメントと支援
心理師・教師・保護者のためのガイドブック
エイミー・コトルバ著／丹　明彦監訳
学校や専門家，保護者たちのための場面緘黙を確実に治療できる方法はもちろん，支援の場で実際に利用できるツールも掲載。全米で活躍する著者による緘黙支援ガイドブック！3,080円，A5並

学校コンサルテーションのすすめ方
アドラー心理学にもとづく子ども・親・教職員のための支援
ディンクマイヤーほか著・浅井／箕口訳
米国学校心理学と個人心理学をリードする著者らによる学校コンサルの実践入門の1冊。チーム学校に有効なテクと知見をわかりやすく解説。3,300円，A5並

価格は税込です